미나마타에서 후쿠시마까지

일본 환경 견문록

미나마타에서 후쿠시마까지
일본 환경 견문록

2015년 7월 16일 처음 펴냄
2024년 8월 5일 2쇄 펴냄

기획 (사)자연의벗연구소
지은이 오창길
펴낸이 신명철
펴낸곳 (주)우리교육
등록 제 2024-000103호
주소 10403 경기도 고양시 일산동구 정발산로 24
전화 02-3142-6770
팩스 02-6488-9615
홈페이지 www.urikyoyuk.modoo.at

ⓒ 오창길, 2015
ISBN 978-89-8040-956-3 03300

*이 책의 내용을 쓰고자 할 때는 저작권자와 출판사의 허락을 받아야 합니다.
*잘못된 책은 구입하신 서점에서 바꾸어 드립니다.
*책값은 뒤표지에 있습니다.

이 도서의 국립중앙도서관 출판시도서목록(CIP)는
e-CIP홈페이지(http://www.nl.go.kr/ecip)에서 이용하실 수 있습니다.
(CIP 제어번호:CIP2015018530)

미나마타에서 후쿠시마까지

일본
환경
견문록

(사)자연의벗연구소 기획
오창길 지음

우리교육

프롤로그
일본 시민사회의 지혜를 얻다

군중 속에서 고독으로

2006년 3월 2일 나리타 공항은 인파로 가득 찼다. 입국 심사대를 통과하여 수하물 스티커가 덕지덕지 붙은 UA838편 티켓을 가지고 컨베이어 벨트로 향했다. 컨베이어 벨트에서 뱉어 내는 짐들에 탑승객의 시선이 온통 집중되었다. 한참을 기다리고 나서야 인천공항에서 부친 세 개의 짐이 연달아 내 앞에 다가왔다. 나리타 공항에서 도쿄 시내까지 거리는 인천공항에서 서울 시내로 들어가는 것보다 훨씬 멀다. 가격이 저렴한 게이세이센을 타고 1시간 20분을 달리면 환승역인 닛포리 역에 도착한다. 열차 창밖으로 보이는 나지막한 집들과 사람들의 모습.

머릿속은 '일본에 왜 왔을까?', '일본 사회에서 무엇을 얻을 수 있을까?'라는 물음표로 가득 찼다. 이민 가방, 트렁크, 배낭, 세 개의 짐은

만원 전차 안에서 중심을 잃은 채 내 마음처럼 흔들렸다. 일본 방문은 이번이 네 번째이다. 전에는 연수 차 왔었지만, 이번에는 오랫동안 머무르기 위해서 왔으니 마음가짐이 다르다.

1965년 한일 간 국교가 정상화된 후 양국 간 왕래자는 한 해 동안 1만 명에 불과했었다. 그런데 2010년에 이르러서는 약 523만 명으로 늘었다. 우리나라에 찾아온 외국인 중 일본인이 약 280만 명으로 전체의 35퍼센트를 차지한다고 하니, 하루에 약 1만 4천 명이 다녀간 셈이다. 일본은 이렇게 한국과 가까운 나라지만, 우리는 아직 일본을 많이 알지 못한다. 몇 번 일본을 방문하면서 일본의 교육제도와 환경 의식에 대해 감명을 받은 적이 있었던 터라, 이번 방문길에 차근차근 제대로 조사하고 분석을 해 볼 생각이 들었다.

잠시 이런저런 생각에 몰두하다 보니 벌써 닛포리 역이다. 닛포리 역에서 환승해 신주쿠 역으로 향했다. 신주쿠 역은 퇴근길 직장인으로 인산인해이다. 신주쿠 역이 일본에서 가장 복잡한 역임을 실감했다. 신주쿠 역에서 도쿄가쿠게이대학이 있는 고쿠분지 역까지 가는 길도 만만치 않아 보인다. 이번에는 에스컬레이터를 타서 다행이다. 닛포리 역에서는 많은 인파 때문에 에스컬레이터를 타지 못하고 계단을 이용해서, 몸의 힘이 많이 빠진 상태였다. 신주쿠 역에서 앞으로 머물게 될 고쿠분지 역까지 쾌속 열차를 타면 30분 정도가 걸린다. 전철 안의 직장인들은 작은 책에 얼굴을 파묻고 독서 삼매경에 빠져 있다. 중년의 신사가 전철 안에서 심각한 얼굴로 만화책을 보는 모습에 혼자 웃음이 피식 나왔다.

목적지인 고쿠분지 역은 쾌속 열차가 서는 큰 역이다. 도쿄가쿠게이대학은 고쿠분지 시와 고가네이 시 경계선상에 있어 정문에서는 고쿠분지 역을, 동문에서는 고가네이 역을 이용해서 찾아갈 수 있다. 고쿠분지 역에서 대학까지는 도보로 15분 안팎이지만 짐이 많아 택시를 이용하였다. 택시 기사가 국제교류회관의 위치를 정확히 몰라 대학 정문에서 내린 후 길을 물어 동문 근처에 있는 도쿄가쿠게이대학 국제교류회관에 겨우 도착했다.

기숙사에 짐을 풀고 일본식 불고기 식당에서 식사를 하였다. 한국의 갈비집과는 사뭇 다른 분위기이다. '어서 오십시오!', '실례합니다.'를 연발하는 두건을 쓴 종업원의 모습을 보면서 이곳이 일본인 것을 실감했다. 밤늦은 시각, 기숙사에 들어와 텅 빈 숙소에 혼자 남으니 적막만이 흐른다.

유난히 길었던 하루 일과를 마치고 잠자리에 드니 일 년 동안 일본에 오기 위해 준비한 시간이 주마등처럼 펼쳐진다. 일본 견문의 꿈을 키우고, 쉴 새 없이 준비하고, 떠나기 전에는 며칠 동안 잠도 제대로 자지 못했다. 일본과 일본어는 아직 많이 생소하다. 그동안의 일본 방문은 타인의 도움으로 움직였지만, 이제부터는 나 혼자서 해야 할 일들이 산더미처럼 다가올 것이고 미지의 세상을 헤쳐 나가야 한다.

이렇게 유학을 결심하게 된 계기는 2003년 여름 한일교육교류회에 참석하기 위해 기타큐슈에서 9일간 머물면서였다. 처음 방문하며 막연했던 일본 사회, 일본인, 일본의 교육과 환경문제를 직접 대하면서 신선한 충격을 받았다. 일행들과 마지막 밤까지 심각한 고민에 빠져 토론하게 된 것도 바로 일본을 주제 삼아서였다.

특히 일본의 초등학교를 방문했을 때의 느낌은 그날의 더위만큼 진

벚꽃이 활짝 핀 신주쿠교엔

하고 강하게 남아 있다. 작고 낡은 TV, 생태 연못에서 잠자리를 관찰하던 해맑은 얼굴, 수영장에서 신나게 운동하던 검게 그을린 아이들, 주머니 텃밭과 교장실 안에 놓인 곤충 채집판을 자랑하던 교장 선생님, 승진보다는 아이들 교육에 열정적인 중년 교사들의 건강한 모습 속에서 그동안 일본 교육에 가졌던 선입견이 일순간에 날아가 버렸다. 세계 경제 대국 2위에 걸맞은 최첨단 교육 시설과 교육제도를 기대하며 우리보다 경쟁 교육이 치열할 줄 알았는데, 뭔가 헛다리를 짚은 것 같았다. 우리나라 교육에서 느끼지 못했던 학교와 사회 분위기는 바로 내 마음을 사로잡았다. 몇 해 전 북미와 유럽 연수를 갔을 때는 글과 영상으로 봤던 서구 사회의 모습이 내 예상과 별반 다르지 않았는데, 일본은 달랐다.

　일본은 최근 더욱 우경화되어 주변 나라들을 우려하게 하고 있긴 하지만, 양심적이고 건강한 공동체를 만들기 위해 노력하는 사람도 많이 볼 수 있다. 때문에 나는 우리보다 앞서 공해 문제의 피해를 겪고 이를 극복해 가는 모습과 도시화되면서 마을 공동체를 지키려는 노력들을 배우기 위해서 이곳을 찾아왔다. 어떨 때는 답답하고 느려서 속이 터질 것 같은 경우도 있지만 성실하고 꼼꼼한 일본인들의 일 처리와 우리보다 일찍 근대화되면서 서양 문화와 학문을 받아들여 자기네 삶에 녹여내면서도 전통을 지키는 모습 또한 배우고 싶었다.

　일본은 패전 이후 쇠락하다가, 한국전쟁을 통해 급속하게 경제성장을 했다. 1950년대부터 공업화의 부산물로 이타이이타이병, 미나마타병 등의 공해병이 등장하며 사회적으로 공해 문제가 첨예하게 대두되었다. 지역 주민, 양심적인 지식인, 시민운동 그룹이 전개한 투쟁의 결과로 공해 문제에 대한 인식이 높아져 갔고, 법률을 정비하고 피해자 보상 운동을 전개하는 속에서 공해 교육이라는 분야도 새롭게 자리를 잡았다. 이러한 과정을 거쳐 일본은 공해대책법을 제정했고, 시민들의 뇌리에는 환경에 대한 인식이 깊숙이 자리 잡고 있다.

4년간의 일본 생활

도쿄가쿠게이대학에서 4년간 일본의 환경교육을 연구하였다. 일본은 환경 과목이 독립 교과로 편제되지 않았다. 이 대학은 일본에서는 드물게 학부부터 박사과정까지 환경교육 전공 과정과 일본환경교육학회를 탄생시킨 연구자들과 연구소가 있기에, 일본 환경교육을 연구하기에는 최적의 곳이라고 생각되어 선택했다. 일본 환경교육은 사회 환경교육과 많은 교류를 하고 있으며, 시민 단체, 지역사회와 연계한 프로그램이 많았다. 우리의 창의적 체험 활동과 유사한 '총합학습시간'에는 지역사회의 자원을 이용하여 다양한 환경교육을 하고 있으며 대학에서도 이러한 연구와 실천을 병행하고 있었다.

첫해는 도쿄가쿠게이대학 국제교류회관에서 1년을 지냈다. 국제교류회관에는 수십 개국에서 온 유학생, 연구원과 그들의 생활을 도와주는 일본 대학생이 함께 살고 있었다. 내가 살 아파트는 방이 두 개 딸리고 마루와 부엌도 있는 교직원용 기숙사였다. 지도 교수인 미쓰이시 교수 덕택으로 연구원으로 초대되어 교원 숙소에 들어갈 수 있었다. 숙소와 연구실이 해결되어서 훨씬 홀가분한 마음으로 첫해를 보냈다.

국제교류회관은 대학 주변이지만 길 건너편에 있는 편의점과 세탁소 외에는 상가가 보이지 않는 조용한 마을이었다. 대도시 아파트에 살았던 나였기에 조용한 마을의 풍경은 낯설기까지 했다. 시내에 나갈 일이 없으면 자전거를 탔다. 주변에는 고가네이공원과 다마 강이 흐르고 나라 시대에 세워졌다는 고쿠분지 절터가 있으며, 에도시대에 장수들이 매 사냥을 했다는 오타카노미치 둘레길이 남아 있는 유서 깊은 도시였다. 내가 꿈꿨던 도시와 별반 다르지 않다는 사실이 놀라울 따름이었다. 휴일에는 페트병에 물을 넣고 주먹밥을 만들어 책 한 권과 함께 가방에 넣고 자전거로 주변을 누비고 다녔다. 누가 불러 주는 사람은 없어도 나무와 숲, 박물관이 내 친구였고, 말동무가 되어 주었다.

지금 뒤돌아보면 일본에 머물렀던 4년은 연수와 연구를 위한 시간만이 아니라 나를 위해 긴 여행을 한 시간이었다. 1980~90년대의 민주화 과정을 거치면서 쌓여 온 갈등과 상처가 내 안에 남아 있었으며, '지속 가능한 발전은 과연 가능할 것인가?', '무한 경쟁을 위해 달리는

도쿄가쿠게이대학 국제교류회관

입시 위주의 교육 환경 속에서 우리 교육의 대안은 없을까?' 하는 마음 깊은 곳의 물음에 늘 시달려 왔기 때문이다. 우리와 문화와 생활환경이 비슷하고, 일제강점기의 영향으로 우리 교육과 가장 비슷하다고 하는 일본 사회에서 이런 답을 찾는 것이 어쩌면 불가능할 수도 있다. 하지만 그들의 성공과 실패의 과정을 알아 간다면, 우리가 현재 처해 있는 위기를 넘을 단초를 얻을 수 있지 않을까 하는 심정이었다.

2년째는 대학에서 소개해 준 미나토 구 오다이바에 있는 도쿄국제교류회관으로 이사를 가게 되었다. 이곳은 2001년 유학생을 위해 건립된 800명 규모의 기숙사이다. 70퍼센트는 외국인, 20퍼센트는 일본인 대학원생, 10퍼센트는 연구원에게 숙소를 제공하고 있다. 오다이바는 도쿄의 부도심으로 개발된 인공 섬인데, 최근에 각종 관광시설이 들어서며 일본 젊은이들이 데이트 코스 1위로 뽑는다는 인기 장소로 국내외 관광객도 많이 찾는다고 한다. 오다이바는 쇼핑몰뿐만 아니라 후지TV, 일본과학미래관, 배과학관, 도쿄빅사이트, 물과학관, 하수도박물관, 파나소닉센터 등 박물관이 즐비한 곳이다. 구경할 것은 많았지만 생필품과 교통이 불편한 것이 흠이었다. 대학에서 거리가 멀어 도쿄를 동서로 3시간 전철과 도보와 자전거로 가로지르며 도쿄의 숨소리를 직접 느낄 수 있었던 시기였다.

2009년부터 2년간 한국에 돌아오기 전까지는 네리마 구에 있는 아파트에서 생활하였다. 대학원 생활과 동경한국학교에서 한인 학생들을 가르치는 숨 막히는 시간의 연속이었다. 저녁에 들어와 연구와 조사를 위해 책상에 앉으면 졸음이 쏟아지고 피로가 몰려왔다. 맥주 한 잔으로 스스로 위로하며 컴퓨터 앞에 앉아 밀린 과제와 논문을 위한 자료를 밤늦게까지 살펴보고는 했다.

또한 그 2년의 시간은 일제강점기 때 징용과 생업 때문에 건너온 자이니치, 1980년대 이후 일자리와 유학으로 정착한 뉴커머들의 아픔과 현실을 접하고 우리 역사의 굴곡을 느끼며 수많은 고민을 했던 시간이었다. 동경한국학교는 3개 국어(영어, 한국어, 일본어)로 진행되는 교육과정 덕분에 주재원 자녀와 재일 교포 등 학생 수가 계속 늘어나고 있는 추세였다.

도쿄에서는 생활 형편이 어려워 동경한국학교에 다니기 어려운 재일 교포 학생을 대상으로 주말마다 '한글학교'가 열렸다. 한글 모음과 자음도 모르고 입학한 학생들이 더듬더듬 한글 책을 읽고, 학예회에서 아리랑을 부르고 전통 춤을 추는 모습을 보았을 때 가슴 한구석에서 밀려오던 감동은 이루 말할 수 없다.

2006년은 NHK에서 방영된 드라마 〈겨울연가〉의 영향으로 한류 바람이 최고조에 달해 있었다. 그동안에는 거들떠보지도 않던 한글을 배우려는 일본 사람들이 점차 많아졌다. 나는 훗사주민센터 '아리랑 한글교실'에서 1년간 한글 교사로 일하였다. 대부분이 주부들인데 한국 드라마와 음악을 좋아하는 10여 명을 가르쳤다. 당시 내 일본어 실력은 한글을 가르치기에 역부족이어서 진땀을 꽤나 흘렸다. 내 부족하고 어눌한 설명을 일본 학생들은 따뜻하고 관대하게 웃으면서 넘어가 주었다. 아직까지 미안한 마음이 남아 있다. 내가 그들에게 일본어를 가르쳤다기보다 그들을 통해 일본어 공부를 더 많이 해서 오히려 일본어 실력이 조금씩 나아진 셈이니, 참 아이러니한 일이다.

일본 시민사회의 지혜를 얻다

일본에서 보내는 마지막 해 여름이 돼서야 일본 사회에서 배웠던 내용을 정리하고 한국 사회에 전달해야겠다는 구체적인 계획을 세웠다. 그전부터 마음은 굴뚝 같았지만, 논문과 일본어 공부에 치우치다 보니 생각보다 늦게 구체적인 행동에 돌입한 것이다.

흔히 외국에서 유학을 하고 돌아오면 그 나라를 미화하거나 '우리나라는 이래서 문제다'라는 점만 부각시키는 경우가 많다. 사실 우리에게는 소중한 자산들이 많고, 훌륭한 분들이 산재해 있다. 우리와 문화적·역사적 배경이 다른 사회의 것을 들이밀고 그것을 우리 사회에 억지로 끼워 넣는 것은 억지일 수 있다.

하지만 일본 사례는 타산지석이 될 수 있다. 우리 사회의 문제를 해결하는 데 단초가 되거나 반면교사가 될 수도 있다는 생각을 갖게 되었다. 우리와 교육제도, 문화, 역사 면에서 인연이 깊은 일본이기에 그들 사회의 담론과 실천을 우리가 구체적으로 탐색해 보는 것은 필요한 일이다.

일본에서 보고 느낀 것들은 대강 세 가지로 구분할 수 있다.

첫째는 교육을 살리는 이야기이다. 기후변화에 맞서기 위해 녹색커튼과 비오톱을 만드는 이나게초등학교와 이타바시초등학교 사례에는 지속적이고 헌신적인 사람들의 노력과 땀방울이 숨어 있다.

둘째는 생명을 살리는 이야기이다. 개발 과정에서 파괴될 위기에 놓인 수많은 하천과 산을 현장에서 시민들이 어떻게 지켜 냈는지에 대한 이야기이다. 도쿄 만에 마지막으로 남아 생명의 소중함을 전달하는 야쓰 갯벌, 따오기와 황새의 멸종 위기종을 복원하는 이야기가 그런 경우이다.

셋째는 지역사회를 지키고 바꾸려는 이야기이다. 마을의 공원을 어린이들의 진정한 놀이터로 바꾼 플레이파크 운동, 환경 학습 도시를 꿈꾸는 니시노미야 시의 실천이 그런 경우이다.

한국으로 돌아와 3·11 동일본 대지진으로 후쿠시마 원전 사고가 발생하고 피해가 속출했다는 소식을 들었을 때, 내 가족의 소식처럼 안타깝고 같이 있었던 동료들과 일본 시민들이 걱정되었다. 후쿠시마 원전 사고는 전 세계인들에게 에너지 정책을 전환해야 함을 시사한다. 일본에서는 이러한 시민운동이 적극 펼쳐지고 있어서 그나마 다행이다.

4년 동안 지켜본 일본 사회는 처음 생각했던 것보다 돌아와서 생각하니 훨씬 더 배울 점이 많았다. 특히 일본 시민사회가 교육과 환경문제에 접근하는 방식이나 활동은 우리보다 구체적이고 체계적이다. 어떤 이는 일본 시민운동은 정치 쟁점보다 너무 작은 문제에 집착한다고 우려하기도 한다. 그렇다. 일본 시민사회는 구호보다는 작은 곳에서 먼저 시작하고 참여한다.

"사회 역사의 중심은 어디인가! 피카소는 종이를 혁명의 중심으로 봤다. 붉은 띠를 두른 사람만이 변혁의 한복판에 있다고 생각하지 않는다."라는 글을 읽었다. 자기가 있는 현장에서 구체적인 실천을 하고, 성과를 내는 것이 중요하다. 실천 없는 이론은 공허하고 진부하다. 일

도쿄가쿠게이대학의 숲

본의 구체성과 현장성에 기초한 이야기를 우리 사회와 비교해 보고 싶다. 그리고 그 경험과 느낌과 생각을 우리 미래를 책임질 청소년들에게 진지하게 들려주고 싶다. 그것이 이 책을 낸 나의 가장 큰 바람이다.

점점 긴 여행의 기억들이 엷어지고 사라지는 것이 안타깝다. 일본에서 보낸 4년은 책장 속에 머물지 않고 현장을 다니며 많은 사람들과 직접 부딪쳤던 시간이어서 더욱 많이 생각난다. 미나마타에서 후쿠시마까지 그곳에서 만났던 많은 친구들과 거리의 모습이 머리를 스친다. 고가네이공원을 산책하며 바라보았던 하늘이 오늘은 왠지 그립다.

2015년 6월
(사)자연의벗연구소 소장 오창길

차례

프롤로그 | 일본 시민사회의 지혜를 얻다 4

자연, 그 모습 그대로
오제 습원이 내게 말을 걸다 20
작지만 소중한 야쓰 갯벌 32
가스미가우라 호수를 살린 노랑어리연꽃 46
〈벼랑 위의 포뇨〉의 고향, 도모 포구 60

멸종 위기 야생동물과 함께 사는 세상
따오기 쌀을 아시나요? 70
34년 만에 자연의 품으로 돌아간 황새 84
기타큐슈에서 되살아난 반딧불이 100
곰과 사람이 공존하는 사회 110

환경교육, 아이들 손으로
그 들판에서 두루미는 아이들과 속삭인다 126
청소년이 살린 습지 136
녹색커튼으로 지구를 시원하게 146

전통과 상상의 '생명의 숲', 비오톱 158
45년을 이어 온 제비 조사 활동 174

생태 도시를 꿈꾸다
환경 학습 도시 니시노미야를 배운다 188
주민들이 함께 만드는 저탄소 사회, 기타큐슈 202
빗물로 세상을 바꾸다, 스미다 구 216
미나마타, 환경 모델 도시로 거듭나다 232
달려라, 자전거 242

좋은 생각이 세상을 움직인다
도전과 모험을 길러 주는 플레이파크 운동 256
자연을 지키는 또 다른 여가, 탐조 문화 268
에코캠퍼스 운동이 주는 교훈 278
후쿠시마 원전 사고에서 녹색 교육을 생각하다 290

에필로그 | 전 지구적으로 사고하고 지역적으로 실천하라 302

자연,
그 모습 그대로

❶ 군마 현 도네 군
  오제 습원이 내게 말을 걸다

❷ 지바 현 나라시노 시
  작지만 소중한 야쓰 갯벌

❸ 이바라키 현 우시쿠 시
  가스미가우라 호수를 살린
  노랑어리연꽃

❹ 히로시마 현 후쿠야마 시
  〈벼랑 위의 포뇨〉의 고향,
  도모 포구

오제가하라의 여름

군마群馬 현 도네利根 군
오제 습원이 내게 말을 걸다

오제와 일본인

여름이 오면 생각난다, 아득한 오제의 먼 하늘,
안개 속에 떠오르는 정겨운 모습, 들판의 오솔길,
물파초 꽃이 피어 있네, 꿈꾸며 피어 있는 물가,
붉게 황혼이 물드네, 아득한 오제의 먼 하늘……
여름이 오면 생각난다,
아득히 먼 들길 여행, 꽃 속에 살랑살랑 흔들리는 수초 섬,
물파초 꽃 내음, 꿈꾸며 꽃향기 퍼지는 물가,
눈감으면 그리워라 오제의 먼 하늘……

　오제의 넓은 고원지대에서 불어오는 시원한 바람을 다시 느끼고 싶다. 1949년에 발표된 일본의 국민가요 〈여름날의 추억〉은 오제를 통해

고향의 산하를 느끼게 하며 쉬운 멜로디로 쓰여서 '일본의 노래 100선'에 뽑히기도 하였다. 노래에 나오는 물파초가 오제누마에서 피는 것은 실제로 5월 말경이고 조금 낮은 지역도 5월 초에 피는데, 이 노래에서는 여름에 물파초를 보았다고 한다. 아마 작사자인 에마 아키코는 여름에 물파초를 볼 수 있는 지역에 살았나 보다.

해발 1400미터에 펼쳐진 일본 최대의 고층습원 오제가하라에는 길이가 57킬로미터에 달하는 목도가 놓여 있어, 그 길을 걸을 수 있다. 눈을 뚫고 무리 지어 피어오르기 시작하는 하얀 요정 물파초, 노란 동의나물은 봄의 전령이다. 여름에는 각시원추리가 여름 산자락의 진한 녹색과 조화를 이루는 노란색의 꽃 물결이 되어 푸르름을 뽐낸다.

오제 습원은 후쿠시마 현, 니가타 현, 도치기 현, 군마 현 등 4개 현에 걸쳐 있는 고층습원이며, 아가노 강 수계의 최대의 지류인 다다미 강의 원류이다. 늪이나 습원은 다다미 강의 원류가 되고 있으며, 오제가하라의 물은 산조 폭포를 거쳐 평지로 흘러 내려간다. 오제 습원은 동서로 약 6킬로미터, 남북으로 약 3킬로미터에 펼쳐져 있는데, 특별 보호 지역의 면적은 약 8690헥타르이다. 1934년에 오제 습원은 닛코국립공원의 일부로서 국립공원으로 지정되었다. 1953년에 국립공원 특별 보호 지역에, 1956년에는 천연기념물에, 1960년에는 특별 천연기념물로 지정되었다. 2007년 8월 30일에는 닛코국립공원에서 독립하여 오제국립공원이 되었고, '아름다운 경치 100선'에도 선정되었다.

오제 습원의 물풀과 어우러진 맑은 샘물

오제 습원과 만나다

　도쿄 도심에서 밤 11시경 심야 버스를 타고 오제국립공원 입구인 오오시미즈에 새벽 3시경에 도착했다. 잠시 눈을 붙인 다음, 동이 트기를 기다리며 주먹밥과 된장국으로 아침 식사를 했다. 오전 5시 주변 하늘이 밝아오기 시작하자, 설레는 마음을 감출 수 없었다. 오제 습원이라는 간판과 해발 1400미터 지대라는 표시판이 있는 입구에서 주의 사항을 읽고 트레킹을 시작했다. 2006년 5월 이후로 세 번 오제를 찾았는데, 세 번 모두 오제는 나를 실망시키지 않았다.
　습원 입구에서 좁은 목도를 따라서 30분 정도 걸었다. 한국의 산길과 크게 다르지 않은, 낯익은 풍경이었다. 산길을 걷다 처음 도착한 곳은 오제야마노하나비지터센터이다. 그곳에는 오제의 기후, 자연 관찰 정보를 비롯하여 다양한 자료가 즐비하다. 이곳 말고도 오제에는 오제누마비지터센터가 있다. 오제 습원을 찾는 사람들이 잠깐 쉴 수 있고, 자연 정보 등을 받을 수 있는 곳이다.
　오제야마노하나비지터센터를 떠나 다시 목도를 따라 산길을 30분 이상 걸으면 습원에 다다른다. 일순간에 초록의 대습원이 우리를 반겼다. 지평선이 보이는 대양 같은 넓은 습원이 펼쳐지는 경관이 바로 오제가하라의 진면목이다. 오제 습원의 중심이 되는 오제가하라는 약 1만 년 전에 형성되었다고 추정된다. 시부쓰 산, 히우치가타케 산, 하카마고시 산, 나카하라야마 산 등 2천 미터 높이의 산에 둘러싸여 있는 분지 형태의 습원이다. 습원의 동편, 상류 영역에 해당하는 오제누마는 표고 1660미터, 서쪽 편에 있는 오제가하라가 표고 1400미터에 위치해 있으며, 주변에 비슷한 고층습원이 많다.

옹달샘에서 샘물이 솟아나듯, 깊은 곳에서 용출수가 뿜어 나오면서 대평원을 촉촉이 적시고 시원한 기운을 만든다. 습원에 흐르는 작은 개울마다 습지식물이 춤을 추듯 솟아 있고 잉어와 같은 많은 어류들이 분주히 헤엄친다. 자연의 보고 오제가하라는 활화산인 히우치가타케 산의 분화 활동에 의해 만들어진 습원이며, 물파초와 물고사리 등 습원 특유의 귀중한 식물군락을 볼 수 있다.

목도에서 바라본 산자락에는 자작나무 군락이 있는데, 우리를 보고 인사를 하듯 바람에 하늘거린다. 반대편에서 내려오는 가족들은, 어른도 아이도 모두 오제의 매력에 흠뻑 빠져서 밝고 만족스러운 얼굴이다. 더운 날씨지만 고층습원에서 불어오는 시원한 바람 덕분에 하루 종일 걸어도 힘들지 않다.

오제는 전 구간이 국립공원 특별 보호 지역 및 특별 천연기념물로 지정되었으며, 고층습원의 중요한 가치를 인정받아 2005년 람사르습지

오제에 피어난 봄의 전령 물파초

오제 습원의 맑은 샘물

에 등록되었다.

  오제가 지금과 같이 국립공원과 천연기념물로 남았던 것은 히라노 조조라는 인물이 없었다면 불가능했을 것이다. 그는 일본인들 사이에 '오제의 개척자', '일본 자연보호 운동의 대부'라고 불린다. 1890년 오제 습원 주변에 작은 오두막집을 짓고 살면서, 오제를 처음으로 사람들에게 알리는 데 힘을 쏟았다. 1903년 오제에 수력발전 댐 건설 계획이 발표되자, 댐이 완성되면 오제 습원이 수몰되고 자연환경이 크게 파괴된다고 주장하며 반대 운동을 펼쳤고, 이는 사회적으로 크게 이슈가 되었다. 정부를 상대로 끊임없이 반대 운동을 펼치던 히라노 조조가 저세상으로 떠나자 그의 아들이 대를 이어 반대 운동을 펼쳤다. 오제 지역이 1956년 천연기념물로, 1960년에 특별 천연기념물로 지정되고 나서야 비로소 발전소 계획이 백지화되었다. 그러는 과정에서 도쿄전력은 자신들이 소유했던 오제의 군마 현 지역 토지를 개발하려던 계획을 포기하고 오제 보호 운동에 나서게 된다. 도쿄전력의 자회사인 오제임업은 목도와 정화조식 화장실을 설치하고, 습원을 복원하는 등 다양한 사회 공헌 활동을 하고 있으며, 오제 지역에서 산장을 5개 운영하고 있다. 이는 기업의 사회 공헌 활동의 좋은 사례로 일본 사회에 널리 소개되었다.

발전소 건설 계획이 취소된 1960년대 이후 오제는 세상에 더욱 널리 알려지게 된다. 쓰레기 문제와 토양 유실, 도로 개발과 같은 환경문제가 하나둘씩 생기면서 오제 습원은 심각하게 훼손되어 갔다. 목도를 설치하고 방문자 인원과 시기를 제한하여 훼손되는 것을 어느 정도 막을 수 있었다.

한편 지방자치단체에서는 관광객을 위해 산 정상 부근까지 가는 도로를 건설하려는 계획을 내놓았다. 반대 의견에도 불구하고, 1963년 도쿠라-하토마치토우게 간 도로가, 1970년에는 히노키에다-누마야마 간 도로가 개통되었다. 이후에는 미히라 봉우리 정상 부근까지 도로가 건설되어 오제가 더욱 훼손될 위기가 찾아왔다. 오제 도로 반대 운동은 히라노 조조의 손자인 히라노 야스가 주도적인 역할을 하였다. 히라노 야스는 할아버지와 아버지에 이어 3대째 조조 산장 오두막을 돌보며 환경 지킴이로 활동했다. 반대 운동의 결과로, 다행히 1971년에 '오제의자연을지키는모임'이 발족되고 일본 정부는 공사 중지를

오제 습원, 산조 폭포 근처의 뱀

명령하였다. 1988년에는 '오제지구보전대책추진연락협의회'를 설치하여 오제의 자연환경 보호에 대한 규정을 설치하고, 1992년에 오제를 둘러싼 지자체인 군마 현, 후쿠시마 현, 니가타 현의 3개 현 지사에 의한 '오제정상회의'가 이루어졌다. 1995년 오제보호재단이 설립되어 오제를 보호하기 위한 적극적인 활동을 펼치게 되었다. 히라노 집안의 3대에 걸친 오제 보호 운동이 오제를 더 이상 개발하지 못하게 한 원동력이었다.

목도를 따라 계속 걷다가 밤을 보낼 유모토 산장에 들르지 않고 인근의 산조 폭포까지 올라가 보았다. 오제가하라에서 흐르는 물이 한 곳에 모여 산조 폭포를 통해 산 밑으로 흘러가는 장면이 장관이라는 소리를 들었다. 폭포에 도착하니, 과연 박력 있는 물줄기와 시원한 바람이 가득이다. 어디서인가 나타난 뱀 한 마리가 나무를 타고 올라가는 모습을 보며 오제 습원은 사람의 영역이 아니라 야생의 영역인 것을 다시 한 번 깨달았다. 새벽부터 올라와 습원의 매력에 흠뻑 빠져 힘든 것도 느끼지 못하고 산조 폭포의 물줄기를 한참을 멍하니 쳐다보았다.

산조 폭포에서 유모토 산장으로 내려가는 발걸음은 한결 가벼워졌다. 원래 산장의 밤은 무척 길고 어둡다. 해가 도시보다 빨리 저물기 때문이다. 식사를 마치고 로비에서 산장 주인이 직접 찍은 사진을 보여 주면서 오제의 자연을 설명하는 강연을 들었다. 산장에 묵는 여행객을 위해 매일 저녁 강연을 한다. 산장에서 오제의 생생한 이야기를 들으니 이런 호사가 어디 있나 싶었다.

다음 날에도 일찍 산장을 나섰다. 어제 밤새 심야 버스를 타고 산행

산조 폭포

을 했지만, 대습원의 기운인지 평소보다 기분이 상쾌하다. 유모토 산장을 내려와 오제누마로 가는 길에는 외로이 서 있는 고목이 즐비하다. 고목 사이로 보이는 하늘이 한 폭의 수채화 같다. 오제누마는 표고 1660미터의 오제가하라보다 더 높은 곳에 호수로 남았다. 오제누마를 거쳐 다시 산을 내려왔다. 산 초입에는 산나물로 만든 튀김, 소바와 우동을 파는 음식점과 오제누마비지터센터가 있다. 산행을 시작하는 관광객들이 많이 보인다. 전날 우리처럼 설레는 마음으로 오제에 들어서는 그들을 오제는 결코 실망시키지 않을 것이다.

히라노 조조 3대는 도시 사람들에게 오제가 얼마나 아름답고 빛나는지를 전하고 싶었던 같다. 이제 도시인들은 히라노 3대가 지켜 온 오제를 보호하고 가치를 인정하고 있다. 앞으로도 오제가 많은 사람

오제 습원 안내서

들에게 사랑받고 지켜지기를 바란다. 언젠가는 다시 오제에서 하룻밤을 지내고 싶다. 밤하늘에서 쏟아지던 오제의 별빛과 풀벌레 소리가 머릿속에 또렷하다.

오제 습원 산장 내부 모습

야쓰 갯벌

지바千葉 현 나라시노習志野 시
작지만 소중한 야쓰 갯벌

미나마타에서 후쿠시마까지
일본 환경 견문록

작지만 소중하다

밀물과 물새 소리가 어우러지는 아름다운 야쓰 갯벌
철새를 벗 삼아 희망의 나라로 날갯짓하며
자라 다오 자라 다오
무럭무럭 자라 다오

도쿄 주변에서 마지막으로 남은 야쓰 갯벌 주변에 있는 야쓰미나미 초등학교의 교가이다. 야쓰 갯벌이 나라시노 시의 어린이에게 자연에 대해 얼마나 많은 가르침과 교훈을 주었는지는 교가와 그 학교에서 매년 열리는 수업 공개회를 보면 확인할 수 있다.

야쓰 갯벌은 많은 사람의 관심 속에 도쿄 만에 홀로 남아 있다. 도쿄에서 전철로 30분 거리에 있는 지바 현 나라시노 시, 도쿄 만의 가장 안쪽에 있는 마지막 남은 갯벌 생명의 안식처이다. 인천시 강화 남단의 갯벌이 넓은 어머니의 품과 같은 푸근한 이미지였다면, 야쓰 갯벌은 외형상으로는 국제적인 명성에 걸맞지 않은 작은 도심 습지에 불과해 보인다. 하지만 아직도 도쿄 만의 허파 역할을 하고 있는 곳이고, 도심 습지로서 시민들에게 자연 학습의 장 역할을 톡톡히 하고 있다. 사실 마지막 남은 야쓰 갯벌과 같은 도심 습지들은 일본 습지 운동의 산물이라고 해도 과언이 아니다.

자연을 주제로 한 많은 동화를 지은 저명한 아동문학가인 구니무라 도시히데가 쓴 〈야쓰 갯벌의 살아 있는 생명체〉의 일부분이다.

> 넓은 도쿄 만과 비교하면 야쓰 갯벌이 차지하는 면적은 정말로 얼마 안 됩니다. 그렇지만 해양 생물들에게 야쓰 갯벌이 해주고 있는 역할은 결코 작지 않습니다. 이 작은 갯벌에서는 하룻밤에도 물새들과 작은 저서생물底棲生物들이 계속 바닷물을 깨끗하게 해주고 있습니다. 특히 물새들에게는 중간 기착지로서 겨울 물새들에게는 월동지로서 매우 중요한 장소가 되고 있습니다.

구니무라가 야쓰 갯벌에 대해서 쓴 두 개의 동화 〈야쓰 갯벌의 살아 있는 생명체들〉, 〈갯벌은 살아 있습니다〉는 일본 초등학교 국어 교과서에 실려 있다. 야쓰 갯벌은 일본의 어린이뿐만 아니라 많은 시민에게 이렇게 사랑받고 있지만 정작 보전의 역사는 험난하기만 하였다.

야쓰 갯벌을 지키다

야쓰 갯벌은 지역사회를 기반으로 한 환경교육과 환경운동의 사례로 일본에서 유명하다. 신주쿠에서 소부센 전철을 타고 쓰다누마 역에서 내려 야쓰 갯벌로 향하는 버스를 탄다. 버스 정류장에서 내려서 10분 이상 걸어야 한다. 주택가 길을 걷다 보면 야쓰 갯벌이 보인다.

야쓰갯벌자연관찰센터 안으로 들어가자 하세가와 아키히토 관장이 반갑게 맞이해 주었다. 하세가와 관장은 시청 공무원이면서 야쓰 갯벌에 대한 애정과 전문성을 가진 사람이다. 관장을 제외한 직원은 공무원이 아니라 시민 단체 일본야조회日本野鳥会에서 파견 나온 이들이었다. 새와 갯벌 전문가들로 구성된 이들은 전문성과 헌신적인 센터 운영으로 정평이 나 있었다. 나는 야쓰 갯벌의 보전과 습지 교육의 관계에 대해 논문을 준비 중이었기 때문에, 야쓰 갯벌을 여러 차례 방문하여 직원들을 괴롭혔다.

야쓰 갯벌은 도쿄 만에 있는 갯벌이라서, 개발 압력에 오랫동안 시달렸다. 그와 함께 보전하려는 운동 또한 역사가 오래되었다고 한다. 1925년 게이세이전철회사가 유원지를 만들기 위해 748헥타르를 매입하였고, 시민들의 쉼터 공간으로 사용하다가 1964년 제1차 매립으로 93.6헥타르가 되면서 매립의 역사가 시작되었다. 1966년 게이요 항 제2차 매립이 제안되고 1969년 기업청이 공유 수면 매립 면허를 취득하였다. 1970년대 들어 갯벌을 지키려는 시민들의 움직임이 활발했다고 한다. 1971년에 '지바갯벌을지키는모임'이 결성되어 갯벌 매립 반대 운동에 불을 당겼고 나라시노 시의회에 청원서가 제출되었으며, '나라시노의매립과공해를반대하는모임'이 결성되어 매립 계획 변경에 대한 청원서를 다시 제출하였다. 그러한 반대 운동에도 불구하고 1974년 나라시노 시는 게이요 항 제2차 매립에 대한 토지 이용 계획을 세워 지바 현청에 보고하였다. 그해에 야조와 갯벌을 연구하는 전문적인 단체들이 속속 결성되었다. '야쓰갯벌애호연구회'가 설립되어 주로 갯벌 청소와 보전 활동을 하였으며, '지바현야조회'가 결성되어 야쓰 갯벌의 야조 조사가 처음으로 시작되었다고 한다.

1974년부터 '야쓰 갯벌의 보전과 자연 교육원 설치에 관한 청원', '야쓰 갯벌의 이용에 관한 공청회 청원'이 시민사회로부터 계속 이어졌으며 시민들은 들새 서식이 중요하다는 것을 더욱 폭넓게 인식하게 되었다. 시민 단체의 활동 결과에 힘입어 1977년 환경성과 지바 현이 야쓰 갯벌을 국가 조수 보호 구역으로 지정하려고 계획하였으나, 나라시노 시의 반대로 1988년에야 비로소 지정되었다. 1980년대에는 야쓰 갯벌 이용에 관한 각종 위원회가 구성되고, 일본조류보호연맹과 일본야조회가 기본 계획에 참가하면서 야쓰 갯벌 소관 부처가 대장성에서 환경성으로 바뀌며 보전에 대한 새로운 전기를 맞게 되었다. 부친 지금의 야쓰갯벌자연관찰센터도 그 당시의 투쟁 성과로 만들어졌다. 1993년 홋카이도 구시로에서 열린 람사르협약당사국총회에서 야쓰 갯벌이 람사르협약 등록 습지가 되었다. 일본 최초의 람사르습지였다. 람사르습지가 되고 난 후 1994년 야쓰갯벌자연관찰센터를 포함한 '야쓰갯벌공원'이 개관하였다. 1995년에는 야쓰 갯벌 보전을 위하여 환경성, 지바 현, 나라시노 시의 자연보호 담당자 등이 참가한 협의회가 만들어졌다. 또한 '나라시노 행동 선언'이 제정되어 야쓰 갯벌의 생만원 전차 안에서 중심을 잃은 채 내 마음처럼 흔들렸다. 일본 방문은 이번이 네 번째이다. 전에는 연수 차 왔었지만, 이번에는 오랫동안 머무르기 위해서 왔으니 마음가짐이 다르다.

1965년 한일 간 국교가 정상화된 후 양국 간 왕래자는 한 해 동안 1만 명에 불과했었다. 그런데 2010년에 이르러서는 약 523만 명으로 늘었다. 우리나라에 찾아온 외국인 중 일본인이 약 280만 명으로 전체의 35퍼센트를 차지한다고 하니, 하루에 약 1만 4천 명이 다녀간 셈이다. 일본은 이렇게 한국과 가까운 나라지만, 우리는 아직 일본을 많이 알지 못한다. 몇 번 일본을 방문하면서 일본의 교육제도와 환경 의식 등에 대해서 많은 점이 의아했다. 그래서 이번 방문길에 차근차근 체계적인 학습과 분석을 해 보고 싶은 마음이다.

잠시 이런저런 생각에 몰두하다 보니 벌써 닛포리 역이다. 닛포리 역에서 환승해 신주쿠 역으로 향했다. 신주쿠 역은 세계에서 가장 유동인구가 많은 역으로도 인산인해이다. 신주쿠 역이 일본에서 가장 복잡한 역임을 실감했다. 전 구간 역에서 도쿄가 주재(나)체력과 옆을 공고한 지역이 싸 같은데 인명자 검열 얼마나 이렇게 스 수 강까이라도 다쳐 다행이다. 카메라이다는 방 안 억만 대들의 인도 다들 일본인 자녀 다들 일본인들이 걸어 들어 가지 않았을 텐지 이어선 이었다 자들 어린아이들은 업은 엄마도 돌이어 삼삼오오 잘 여 중년의 신사가 전철 안에서 심각한 얼굴로 만화책을 보는 모 야쓰 갯벌 자 웃음이 피식 나왔다.

목적지인 고쿠분지 역은 쾌속 열차가 서는 큰 역이다. 도쿄가쿠게

프롤로그_일본 자연, 그 모습 그대로 | 37

물 다양성이 얼마나 중요한지에 대하여 람사르협약당사국총회를 통해 국제사회에 소개되기도 하였다.

1997년에는 시민과 행정이 협력하여 도시와 자연의 공생을 목표로, 야쓰 갯벌이 람사르 등록 습지로 지정된 6월 10일을 '야쓰 갯벌의 날'로 지정하여 각종 행사를 주최하였다. 1998년 호주의 브리즈번 시와 자매결연을 맺고 매년 야쓰 갯벌의 날에 다양한 이벤트를 개최했다.

습지 교육의 거점 야쓰갯벌자연관찰센터

하세가와 관장과 대화를 나누면서 야쓰 갯벌 보전의 역사가 얼마나 치열했는지를 알게 되었다. 화제를 돌려 야쓰 갯벌의 생태와 야쓰갯벌자연관찰센터에 대한 이야기를 들었다. 한국에서도 강화도 보전 운동의 결과로 만들어진 강화갯벌센터를 비롯한 많은 습지 센터들이

야쓰갯벌자연관찰센터 외관

야쓰갯벌자연관찰센터 내부 모습

환경교육의 장으로 이용되고 있다.

  야쓰 갯벌에 사는 생물들에 관한 이야기를 들었다. 야쓰 갯벌에는 조개, 게, 물고기 등 많은 해양 생물이 서식하고 있으며 많은 물새들이 도래하고 있다. 특히, 시베리아 북쪽 지역과 동남아시아나 오스트레일리아 등의 남쪽 나라를 왕래하는 도요새와 물떼새에게는 이동 중 휴식지로 매우 중요한 장소라고 한다. 한국의 서남 해안 습지를 생각했다. 특히 서울 주변의 송도 갯벌은 송도 신도시를 개발할 때 거의 대부분이 사라지고 말았다. 야쓰 갯벌에서는 번식을 위해서 오는 여름 철새, 월동을 위해서 오는 겨울 철새, 그리고 봄과 가을 이동 중에 들르는 나그네새와 사계를 걸쳐서 사는 텃새를 만날 수 있다고 한다. 일 년 동안 60~80여 종의 조류를 관측할 수 있는데 개체 수가 많은

야쓰 갯벌 모형도와 야쓰 갯벌에 대해 설명하는 하세가와 관장

겨울철이지만, 다양한 종들을 만날 수 있는 시기는 봄과 가을철이다.

야쓰갯벌자연관찰센터는 어떤 역할을 하는지 물었더니 4가지 주요 사업을 진행한다고 한다. 첫째는 환경교육 사업. 방문객에게 자연의 중요성을 전달하는 것으로, 갯벌의 야조와 저서생물 등에 대한 교육을 하는 활동이다. 둘째는 시민 참여 사업인데, 야쓰 갯벌을 보전하고 이용하는 데 더 많은 사람들이 참여하게 유도한다. 야쓰 갯벌의 날을 준비하는 것과 같이 각종 행사에서 시민들이 보전과 이용에 대하여 생각해 볼 수 있는 자리를 마련하는 것이다. 셋째는 야쓰 갯벌 보전 사업으로, 야쓰 갯벌이 더 양호한 환경을 지속할 수 있도록 관계 기관, 단체와 협력하여 보전하도록 노력한다. 넷째는 국제 교류와 네트워크 사업이다. 국제적 시야에서 습지 보전에 대하여 생각하고, 국경을 넘어 이동하는 물새들에 대한 조사와 보전을 위하여 브리즈번 시와 하는 습지 교류 사업을 비롯하여 국내외 네트워크 사업을 펼친다.

야쓰갯벌자연관찰센터의 환경교육

야쓰갯벌자연관찰센터에서는 나라시노 시 관내 초등학생의 환경교육과 교재개발을 중심으로 교육을 하고 있다. 나라시노 시는 1997년부터 초등학교 4학년 학생들 전원이 '총합학습시간'(우리나라의 재량 활동에 해당하는 것으로, '살아가는 힘을 가지는 전인교육'을 목표로 1998년부터 실시했다)에 야쓰 갯벌을 찾아 습지와 야조에 대해서 공부하게 되어 있다. 학생 단체 프로그램의 내용은 강의와 비디오, 슬라이드 상영, 그림 연극, 관내 가이드 등으로 이루어져 있다. 시외 다른 지역에 있는 학교 이용도 늘고 있어, 2007년 현재 연간 약 7천 명이 단체 견학 프로그램에 참가하고 있으며, 총합학습시간의 테마는 갯벌, 철새, 람사르협약 등에 관한 내용이 주를 이룬다.

야쓰갯벌자연관찰센터의 단체 프로그램 내용

강의 (약 15분)	• 관찰 지도원이 비디오나 그림, 패널, 실물 크기의 새 모형 등을 사용하여 연령·대상에 맞추어 알기 쉽게 해설 • 지금은 어디?, 철새, 람사르협약, 갯벌의 기능, 야쓰 갯벌의 역사 등
비디오 슬라이드 상영	• 비디오 〈야쓰 갯벌의 생물들〉(약 21분) • 비디오 〈갯벌의 식물 연쇄〉(약 7분) • 비디오 〈부리의 형태와 먹이 취하는 방법〉(약 7분) • 슬라이드 〈쇠제비갈매기는 어떤 새?〉(약 10분) • 슬라이드 〈게를 관찰해 보자〉(약 10분) 등
그림 연극 (약 10~20분)	• 야쓰 갯벌의 생물을 테마로 손수 만든 그림 연극 공연. 유아 추천
관내 가이드 워크 (약 30분)	• 야쓰 갯벌의 자연이나 역사, 갯벌의 생물, 자원봉사 활동 등 야쓰 갯벌 전반에 대해서 관내 전시물을 견학하면서 해설

다음으로 도요새와 물떼새에 관해 교재를 만드는 사업이다. 야쓰갯벌은 시베리아와 오스트레일리아 사이 약 1만 2천 킬로미터에 걸치는 도요새, 물떼새의 이동 경로에 있다. 야쓰갯벌자연관찰센터는 '도요새, 물떼새의 이동'을 교재로 만들어 일본 전국의 어린이들에게 알릴 계획을 가지고 있다. 교재명은 《지구를 여행하는 철새들》이다. WWF재팬(세계자연보호기금 일본 사무국)과 일본야조회가 교재를 활용한 연수회를 개최하여, 야쓰갯벌자연관찰센터를 시작으로 홋카이도, 오사카, 오키나와 등으로 이어 가고 있다. 내용은 '도요새, 물떼새란?', '철새 이동에 관하여' 등을 테마로 실제 프로그램 체험도 포함하고 있다. 습지 환경교육에 관심이 있는 시민을 대상으로 지도자 과정 프로그램도 운영하고 있다.

자원봉사자가 운영하는 야쓰갯벌자연관찰센터

야쓰갯벌자연관찰센터 운영에서 가장 중요한 역할을 하는 구성원은 자원봉사자이다. 일본 사회의 자원봉사자가 대규모로 나타나게 된 것은 1995년 고베 대지진 피해 복구가 계기가 되었다. 재해 복구에 참여했던 자원봉사자를 기리기 위해 지진이 일어난 날인 1월 17일을 '방재와 자원봉사의 날'로 지정하였으며 그 이후로 자원봉사 활동은 일본 사회에서 없어서는 안 되는 중요한 역할을 하게 된다.

이타심과 삶의 질 향상이라는 목적을 가진 자원봉사자들이 지역 시민들에게 야쓰갯벌자연관찰센터나 야쓰갯벌공원을 안내해 주며 중요한 고리 역할을 하고 있다. 단순한 취미에서 출발한 자원봉사자가 이제는 함께 사는 사회를 만들기 위해 궂은일을 담당하고 있는 것이다.

오랫동안 이곳에서 활동한 자원봉사자 한 분을 만나 자원봉사자의 역할에 대해 들었다. 자원봉사자는 야쓰갯벌자연관찰센터가 행하는 사업 취지에 찬성하고 스스로의 의지로 지식이나 노력을 제공하

야쓰갯벌자연관찰센터 안내서

는 사람을 뜻하는데, 특별한 자격 요건은 없고, 고교생 이상이면 참여할 수 있다고 한다. 관내 전시물을 해설하고, 전시물이나 도서 자료를 정리하는 일도 한다. 나라시노 시는 야쓰갯벌자연관찰센터를 운영하는 데 '자연의 중요함을 많은 사람에게 전하려면, 의지 있는 시민의 참가와 협력이 불가결하다'는 생각으로 시민과 함께 자원봉사단을 운영한다. 2014년 현재 자원봉사자 등록자 수는 100명 이상이고 개관 이후 자원봉사 활동에 참여한 사람은 2030명 정도이다. 야쓰갯벌자연관찰센터는 자원봉사자를 대상으로 안전사고에 대비해 보험에 가입해 주고, 기기나 용품 사용, 연수 기회를 제공한다고 한다. 자원봉사는 등록제로 운영되는데, 그 해 4월부터 다음 해 3월까지 연차 등록을 하고, 신규 등록은 수시로 접수받는다고 한다. 또 정기적으로 자원봉사 설명회를 개최한다.

야쓰 갯벌의 날에 다녀오며

또한 그 2년의 시간은 일제강점기 때 징용과 생업 때문에 건너온 자 2006년 6월, 야쓰 갯벌의 날 10주년 행사에 참여하기 위해 다시 야쓰 갯벌을 찾았다. 비가 와서 행사에 조금 어려움이 있었지만 지역 주민들이 대거 참여해서 축제 분위기가 완연했다. 광장에는 다양한 부스를 설치하여 전시회를 개최하고 있었으며 기념상품과 지역 농산물을 판매하고 있었다. 야쓰 갯벌의 날은 갯벌 보전을 더욱 잘하기 위해 더 많은 사람과 다양한 계층의 참가를 독려할 목적으로 제정되었다. 또한 환경문제에 대한 관심과 이해가 높아져 만관이 함께 각자의 입장에서 스스로 실천할 수 있는 환경 보전을 위한 방법을 생각해 보자는 제안에서 시작되었다. 민관이 협력하고 한 걸음씩 서로의 이야기를 들을 수 있는 좋은 기회이다 할 수 없다.

이틀에 걸쳐서 시민 2천명이 참여한 2006 야쓰 갯벌의 날 행사 주제는 '생명의 연결 야쓰 갯벌'이었다. 이 말 속에 육지에서 흘러간 물이 강을 통해 갯벌로 내려와 태양으로 흘러가고 다시 빼개 되는 생명의 순환이라는 의미가 담긴 것일까 하였다. 대부분이 주부들인데 한국 행사의 하이라이트는 야쓰 갯벌을 살리기 위한 시민 토론회였다. 전문가와 공무원, 시민단체 그리고 해당 지역과 다른 지역의 청소년 대표가 함께 머리를 맞대고 토론하고 있었다. 미래 세대인 청소년에게도 갑자와 갯벌, 자연과 인간의 공존은 자신들의 문제이다. 전문가나 기성세대만이 아니라 청소년들도 이런 자리에 함께할 수 있었던 것은 그동안 야쓰갯벌 자연관찰센터에서 청소년과 갯벌에 대해서 공부를 함께한 결과라는 생각이 들었다.

야쓰 갯벌은 40헥타르밖에 안 되는 도쿄 만에 있는 작은 갯벌이다. 하지만 나라시노 시의 시민들이 미래 세대에게 남겨 주려고 오랜 시간 보전 운동을 해서 지금 우리에게 소중하게 남아 있다. 앞으로 야쓰 갯벌이 어떻게 변할지 모르지만 지역 주민와 사랑을 많이 받고 있어서 그나마 다행이다. 마음은 굴뚝 같았지만, 논문과 일본어 공부에 치우치다 보니 한국과 일본의 서민들은 오랫동안 갯벌에 의존해서 생활을 하였고, 갯벌의 혜택 속에서 지속 가능한 연안어업을 할 수 있었다. 한국의 새만금 갯벌과 일본의 이사하야 갯벌이 간척 사업으로 파괴되면서 오랫동안 조상들에게서 내려온 습지의 현명한 이용은 결정적인 위기에 빠졌다. 갯벌을 생활공간으로 해서 만들어 온 오랜 전통문화도 위기에 빠졌다. 끼워 넣는 것은 억지일 수 있다.

독일이 왜 바텐 해 갯벌을 국립공원으로 대정하고 시민을 모아가려 함 집 다시 한 번 살펴봐야 한다. 죽어가는 새만금 갯벌을 비롯한 수많은 한국의 갯벌을 까지 원상태로 돌려놓는 것은 우리 세대에서 과연 가능한 것일까 하는 의문을 품으며 갯벌을 오랜 시간 바라보았다. 필요한 일이다.

일본에서 보고 느낀 것들은 대부분 세기시기 우리에게는 1국의 실정도 이야기이다. 기운데이 맞 학교와 이터비스 속 시하고 취소적이 시 다. 개발의 상이성 파고 인 수많은 하천과 산을 현장에서 시민들이 어떻게 쓰 갯벌의 내주면 행사

호안을 갈대로 복원한 가스미가우라 호수

이바라키茨城 현 우시쿠牛久 시
가스미가우라 호수를 살린 노랑어리연꽃

가스미가우라 호수와 시화호

"시민형 공공 프로젝트로 호수를 살렸습니다."

죽음의 호수가 되어 가고 있는 가스미가우라 호수를 살리기 위한 운동에 대해 알게 된 것은 2006년 여름, 한 모임에서였다. 여의도 크기의 26배가 되는 호수를 살린다는 이야기에 관심이 쏠렸지만, 시민들이 참여한 공공사업으로 문제를 해결했다는 말에 귀가 쫑긋해졌다.

이 호수 이야기를 들으니 우리나라의 시화호가 머릿속에 떠올랐다. 시화호는 1987년 간척지에 농업용수를 공급하려고 인공적으로 조성하기 시작한 담수호이다. 제대로 된 준비 없이 호수를 만들고 나서 공장폐수, 생활하수, 농업 폐수 등이 유입되어 메워지면서 갯벌과 바다 생물들이 죽고 호수는 오염되었다. 시화방조제가 완공되면서 안산·시흥·화성 시의 시화호 지역은 지금까지 지역 주민과 정부가 갈등을 겪고 있으며 좀처럼 해법을 찾지 못하고 있는 실정이다.

시화호에 대한 걱정 때문일까? 그날의 '노랑어리연꽃 프로젝트' 발표는 내 마음을 사로잡았다. 가스미가우라 호의 수질을 개선하기 위해 노랑어리연꽃을 심는 운동을 제안하고, 따오기가 날아오는 곳으로 만들자는 기치를 든 사람은 이이지마 히로시이다. 그는 1995년 '노랑어리연꽃기금'이라는 시민 단체 창립을 주도하고, 이전까지 정부가 추진하던 토목공사는 호수의 문제점을 해결하지 못한다고 비판하였다. 그리고 토목공사의 대안으로 시민형 공공사업을 중심으로 한 노랑어리연꽃 프로젝트를 제안하였다. 처음에 200명이 참여하여 시작했던 노랑어리연꽃 프로젝트는 현재 16만 명이 참가하는 거대한 프로젝트로 성장했다.

노랑어리연꽃 프로젝트는 10년마다 목표를 정하고 그 목표를 향해서 나아가고 있다. 이 프로젝트는 시민과 초등학생의 손으로 직접 수초를 기르는 활동으로 시작해서, 지금은 대학·기업·연구 기관·행정기관과 같은 다양한 주체가 함께하고 있다. 상수원 지역의 산림과 논을 보전하고 외래종 어류를 퇴치하는 등 다양한 활동을 벌이고 있다.

가스미가우라 호수의 위기

노랑어리연꽃 프로젝트의 이이지마 대표를 만나기 위해 여러 차례 사무실을 찾았다. 그는 늘 자신 있는 모습으로 호수 재생 사업 계획들을 얘기하고 현장 사진을 보여 주며 설명하였다. 그의 이야기를 통해

노랑어리연꽃

서 오랫동안 지속된 호수 살리기 운동을 이해할 수 있었다.

　이바라키 현의 가스미가우라 호수는 면적 220제곱킬로미터로 일본에서 두 번째로 큰 호수이다. 이 호수는 니시우라 호, 기타우라 호, 소토나사카우라 호 등 3개의 호수와 히타치 강, 기타토네 강, 와니가와 강 등 3개의 하천을 한데 묶은 총칭이다. 이 가운데 가장 큰 니시우라 호수만을 가스미가우라라고 부르는 경우도 있다. 이바라키 현과 지바 현에 걸쳐 있는 유역 전체 면적은 2157제곱킬로미터에 달한다. 기타우라 호는 동쪽의 가시마나다로 흐르고 2개의 호수의 물은 소토나사카우라 호에서 합류해서 도네 강으로 흘러든다. 합류 지점에서 약 18킬로미터 내려가면 도네 강 하구와 만나 태평양으로 흐른다. 호수의 동·서·북쪽은 표고 20~30미터의 대지가 둘러싸고, 남측에는 낮게 평평한 토지로 이어진다. 특히 도네 강 본류와 니시우라 호수가 만나는 지역은 물의 고향이라고 불릴 정도로 물길이 많은 독특한 경관이 펼쳐진다.

이 호수는 오래전부터 관동 지방 사람들의 삶에 많은 영향을 주었고, 지역 주민들은 어업으로 생활하였다. 1900년대부터 식량 증산을 목적으로 간척 사업이 본격적으로 시작되고, 어류와 조개류 양식과 같은 수산업이 번창하였다. 호수 환경이 크게 변화된 시기는 1950년대 이후이다. 가스미가우라를 포함하는 도네 강 수계 일대는 1960년대에 수자원개발촉진법의 수자원 개발 수계로 지정되었다. 히타치 강에는 수문이 설치되고 도네 강 하류에 위치한 가시마 지구에는 항구가 건설되면서 가시마 임해 공업 지대가 탄생한다.

한편, 호수 주변에서는 농업과 축산업이 번성하면서 농축산 폐수가 호수로 대량으로 흘러들었다. 쓰쿠바 시가 건설되어 도시화가 빠르게 진행되면서 생활용수가 많이 필요하게 되었다. 도쿄의 물이 부족하여 수도권 식수 안전망의 역할을 하게 되었지만, 호수 주변의 각종 개발을 막을 수는 없었다.

호수의 오염을 주민들이 피부로 느끼게 된 것은 그리 먼 시간이 지나지 않아서이다. 개발 사업이 본격적으로 시작된 지 10년이 흘렀을 때 호수를 대표하던 가막조개와 잉어가 대량으로 폐사했고, 녹조 현상이 생기는 등 환경 재앙이 벌어졌다. 1973년에는 해수 유입과 음용수 취수 목적으로 수문을 완전히 폐쇄하기로 결정했고, 기수호汽水湖였던 호수가 담수호로 바뀌게 되었다. 수문이 폐쇄되면서 오히려 수질오염은 더욱 심각해졌고, 원래의 자연스러웠던 호안湖岸은 사라지게 되었다. 호수의 수자원을 많이 확보하기 위해서 호안 제방의 높이가 높아지고 콘크리트로 호안을 공사하면서 갈대와 노랑어리연꽃과 같은 수생식물 등의 숫자는 현저하게 감소했다. 그 이후로 지역 주민은 이 호수를 죽음의 호수라 부르기 시작하였다. 대규모 개발과 도시화로 인해 한 번 망가진 호수는 수질오염, 생물 다양성 감소, 어업 쇠퇴 등과 같은 문제가 생기면서 영영 회생되지 않을 것처럼 보였다.

인간은 호수를 강과 함께 농업용수와 산업 용수로 사용하고, 호수 연안을 개발하고픈 유혹에 빠지게 된다. 동전의 양면처럼, 상수원으로 사용하기 위해서 수질을 지켜야 하지만, 수자원을 이용하면서 지나친 개발과 수질오염으로 인해 환경 갈등도 야기되고 있다. 우리나라에서도 한강과 낙동강 수계의 수질 문제가 항상 중요한 환경 갈등과 쟁점을 불러일으키는 것처럼, 일본에서도 가장 많은 인구가 밀집한 관동 지방의 상수원인 가스미가우라 호수와 관서 지방의 상수원인 비와 호수의 수질 문제는 지역 주민들에게 똑같은 갈등을 불러일으켰다.

시민형 공공사업 노랑어리연꽃 프로젝트의 시작

이들 호수의 수질이 악화되어 생긴 환경문제를 해결하기 위해, 정부는 다양한 토목공사를 벌여 원인을 제거하려고 노력했지만, 큰 성과를 거두지 못한 상태였다. 호수의 수계가 많은 지자체와 연결되어 있었고, 서로의 입장 차이로 인해 쉽게 일이 추진되지 않았다. 큰 병이 든 호수에 임시 처방을 한다고 해서 문제가 해결되지는 않았다. 그동안의 공공사업은 개별적이고 지자체 자체가 추진하는 자기 완결형 사업 모델이었고, 호수 생태계와 지역사회를 나눠서 추진하는 문제점을 안고 있었다. 이러한 공공사업이 계속되는 동안 호수를 살리는 복원

작업과 관리 시스템을 구축하는 것은 어려운 일이었다. 또한 공공사업은 담당 부서별로 종적으로 이루어지기 때문에, 다른 부서와의 연계가 효과적이지 않아서 공사를 추진하면서 이권 다툼과 비리가 비일비재하였다. 반면 시민형 공공사업은 지역 환경의 문제점을 해결하기 위한 사업을 자연 생태계의 원리 안에서 시민들이 참여하여 전개한다는 것이 특징이다.

학교에서부터 시작된 지역 네트워크 만들기

노랑어리연꽃 프로젝트는 어떤 계기로 시작되었을까?

1995년 노랑어리연꽃기금은 가스미가우라 호수를 시민들이 지키자는 신문광고를 냈다. 이 광고를 보고 초등학생이 노랑어리연꽃기금에 전화를 했다. 이 어린 친구는 호수의 원래 모습을 돌려 주기 위해 노랑어리연꽃을 재배하고 다시 심자는 제안을 하였다. 초등학생들이 자신의 학교에 연못을 만들고 마을 사람들이 움직이기 시작했다.

가스미가우라 호수의 수질을 개선하는 데 가장 큰 문제점은, 행정기관 주도의 단편적인 대책뿐이라는 것과 인근 3개 현이 제각각의 사업을 실시한다는 것이었다. 호수 유역 전체에 대한 종합적인 대처가 필요한 시점에 노랑어리연꽃 프로젝트를 제안한 것이었다.

노랑어리연꽃 프로젝트가 성공하기 위해서는 지역 커뮤니티의 네트워크를 만들어 유역을 포괄하는 조직을 만드는 것이 중요한 일이다. 일본에서는 전통적으로 지역 커뮤니티와 초등학교 학군의 범위가 일치하는 지역이 많다. 가스미가우라 호수 유역도 예외가 아니었다. 호수 유역의 초등학교 숫자는 200개 안팎이다. 이 모든 학교가 지역의 거점으로 참여한다면 호수의 재생도 불가능한 일은 아니다.

　호수 유역의 170개 학교가 참여하여 자연 재생 사업과 자연 보전 활동을 총합학습시간에 실천하고 있다. 일반적으로 학교에서의 환경학습은 총합학습시간을 이용하여 출장 강의로 이루어진다. 자연 재생과 지역 활성화를 목표로 매년 1만 명 이상의 어린이들과 학습을 진행한다. 예를 하나 들면, 가미야초등학교의 학생들과 총합학습시간에 '사람과 물의 정령이 만나는 마을 만들기'라는 주제로 공부를 한 것이다. 아이들은 그 시간을 통해 '왜 호수가 오염되었을까', '학교 주변의 야쓰다 천이 상수원이구나', '그 상수원과 생물들을 잘 보호해야만 가

노랑어리연꽃 프로젝트 순환형 공공사업_노랑어리연꽃기금 제공

이이지마 대표의 수업과 호수 상수원 재생 사업에 참여한 학생들_노랑어리연꽃기금 제공

스미가우라가 보호되는구나'라는 사실들을 알게 되었다. 학생들은 생태계를 관찰하여 개구리는 500미터, 실잠자리는 1.5킬로미터, 왕잠자리는 4킬로미터 떨어진 곳으로부터 연못에 온다는 새로운 사실도 알아냈다. 인간의 입장이 아닌 개구리, 잠자리, 송사리와 같은 생물들의 입장에서 다시 한 번 마을 공간을 생각해 보는 학습을 실시한 것이다. 11월에는 그동안 공부한 결과를 바탕으로 '상수원 지역 재생 계획'을 제안하는 발표회를 가졌다. 자연의 입장에서 인간과 자연이 공존하는 마을 활성화를 이루자는 취지이다.

노랑어리연꽃 프로젝트는 수초를 기르는 것에서 시작된 활동이지만 점차 범위가 넓어지면서, 최신 위성사진을 기초로 초등학생이 현장 조사 활동을 펼치고, 지역 노인들에게서 청취 조사를 진행하는 일까지

우시쿠 시 자연 환경 지도

진행했다. 초등학교를 연결한 네트워크가 다양한 주체와 사업의 종합화로 이어지면서 하나둘씩 열매를 맺기 시작했다.

    기업들도 참여하기 시작했는데 그중 니폰전기주식회사NEC의 협력은 모범적인 사례로 소개되고는 한다. NEC가 개발한 무선 센서를 이용해서 온도나 습도 같은 환경 정보를 일상적으로 수집하는 장치를 학생들이 사용하도록 지원한 것이다. 이 밖에도 호수 주변의 논 프로젝트에 직원 가족들이 참여하고, 그 쌀을 이용하여 술을 빚는 등 지역 농민들의 수익 사업에 대한 고민도 함께하였다.

기후변화에 대처하는 바이오매스 프로젝트 수업

노랑어리연꽃 프로젝트는 수질 개선 사업뿐만 아니라 지속 가능한 사회라는 큰 틀에서 더 넓은 범위로 환경교육을 확장하고 있다. 대표적인 사례로 대체에너지 생산과 지산지소地産地消 운동에 청소년들을 참여시켜, 자신이 사용할 에너지를 자신이 농사한 해바라기와 유채를 사용하여 생산하는 프로젝트 학습을 펼치고 있다. 환경교육은 범주는 다양하지만 환경에 대한 학습, 환경 안에서의 교육, 환경을 위한 교육으로 나눠진다. 직접 환경 개선에 나서거나 보전 활동에 참여하는 환경을 위한 교육으로서 일본에서는 유채꽃 프로젝트 학습을 많이 실시하고 있다.

유채꽃 프로젝트는 휴경지에 유채를 심고 유채 씨를 수확하고 착유해서 얻은 유채 씨 기름을 학교급식을 만드는 데 쓰거나 가정에서 요리를 할 때 사용한다. 착유 시 나온 기름 찌꺼기는 비료나 사료로 사용하고, 폐식용유는 회수하여 비누나 바이오매스biomass 연료로 재활용한다. 지역 자립의 자원 순환에 대해 학습할 수 있는 프로젝트이다.

이바라키 현의 우시쿠 시립 시모네중학교에서는 1학년 총합학습시간에 바이오매스 프로젝트 수업을 진행하고 있다. 이 학교는 이이지마 대표와 작년부터 매월 1회 토요일 바이오매스 프로젝트 수업을 진행하는데, 방문한 날은 마침 해바라기 씨앗을 채취하는 날이었다. 체육복 차림의 교사와 학생들은 모두 분주하게 움직이면서 우리 일행을 반갑게 맞이해 주었다.

이 수업은 노랑어리연꽃 프로젝트와 함께 진행하였으며 지역의 재

채취한 해바라기 씨앗, 씨앗 튀김 만들기,
해바라기 씨앗에서 기름 추출하기, 폐식용유로 자동차 주유하기
_시모네중학교 제공

생에너지 중 한 가지인 바이오매스 에너지를 만드는 과정에 학생들이 직접 참여하고 있다. 워크숍과 토론회를 통해 기후변화에 대해 잘 이해할 수 있고, 지역의 에너지 문제부터 환경문제를 넓은 시각으로 바라볼 수 있게 될 것이다.

이 학교의 학생들은 바이오매스 에너지를 만들기 위해 함께 해바라기 농사를 짓고, 채취한 해바라기 씨앗으로 기름을 채취하여 급식소에서 사용하였다. 조리에 사용한 폐식용유는 디젤연료로 변환하여 자동차에 사용하였다. 학생들이 '순환형 사회가 진정 실현 가능한가?'를 직접 체험해 보는 프로젝트 학습이었다.

노랑어리연꽃 프로젝트는 이처럼 지역사회에서 환경문제를 해결하기 위한 시민 참여와 현장 중심의 환경교육을 이끌어 냈다. 이 밖에도 노랑어리연꽃 프로젝트를 진행하면서 호수 수위 재검토, 수문 개방 검

시모네중학교 바이오매스 프로젝트 수업

토, 호수 유역의 자연 재생 사업, 유역 중심의 환경교육, 지역 커뮤니티 재구축 등의 성과를 낳았다.

한편 상수원 수원을 보호해서 만든 유기농 채소를 지역의 20개 점포에서 '호수가 기뻐하는 채소'라는 이름으로 유통하고, 생태계에 유해한 외래 어종을 매년 1천 톤 이상 어민들과 함께 포획하여 생선가루를 만들어서 양계장이나 농사에 사용하는 경제적 효과도 가져왔다. 일본에서 가장 큰 은행인 미쓰비시도쿄은행UFJ의 총합 연구소는 노랑어리연꽃 프로젝트의 제안대로 가스미가우라의 수문을 개방할 경우 193억 엔의 경제 효과를 가져올 것이라고 발표했다.

노랑어리연꽃 프로젝트는 자연 복원 사업과 같은 공공사업은 행정 기관에서만 하는 사업이 아니라, 지역사회와 시민 단체, 학교가 함께 참여하여 협력할 사업이라는 것을 보여 주는 데 성공하였다. 아직도 노랑어리연꽃 프로젝트의 도전과 꿈은 계속되고 있다. 시민들이 주도하는 '시민형 공공사업'은 관공서가 주도하는 사업보다 경제적이고, 지역사회에 활력을 불어넣는다는 것을 노랑어리연꽃 프로젝트는 입증하였다.

도쿄 도 미타카 시의 지브리미술관

히로시마広島 현 후쿠야마福山 시
〈벼랑 위의 포뇨〉의 고향, 도모 포구

포뇨의 고향 도모 포구

　세계적인 애니메이션 감독인 미야자키 하야오 감독은 환경문제에 관심을 갖고 자연과 생명을 주제로 많은 애니메이션을 만들어 사회에 끊임없이 화두를 던지는 영화감독이다. 미야자키 하야오 감독이 2008년 세상에 선보인 〈벼랑 위의 포뇨〉는 데뷔 30주년을 맞아 내놓은 장편 애니메이션 영화이다. 바닷가 마을을 배경으로 인간이 되고 싶어 하는 꼬마 물고기 포뇨와 다섯 살 소년 소스케의 만남을 주제로 한 이야기인데, 일본은 물론 국내에도 개봉되어 많은 어린이들의 사랑을 받았다.

　이 애니메이션의 배경이 된 곳은 일본 히로시마 현 후쿠야마 시의 도모 포구이다. 미야자키 감독이 영화가 나오기 몇 년 전 지브리 스튜디오 사원들과 함께 도모 포구로 우연히 여행을 갔다가 숙박한 곳이 바로 〈벼랑 위의 포뇨〉의 배경이 된 집이었다. 도모 포구에서 영화의 배경에 대한 실마리를 얻게 된 미야자키 감독은 2005년 영화 제작을 위하여 이곳에 약 2개월간 체류하기도 하였다. 그는 창밖으로 펼쳐지는 일출과 일몰의 풍경을 보면서 바다도 수많은 표정을 가지고 있다는 것을 알게 되었다. 만약 그가 우연히 도모 포구에 가지 않았더라면 영화는 만들어지지 못했을지도 모른다.

도모 포구, 매립 위기에 처하다

영화의 배경이 될 만큼 아름다운 풍광을 자랑하는 도모 포구는 놀랍게도 역사 속으로 사라질 뻔한 위기에 처한 적이 있다. 바로 도모 포구 매립과 가교 사업 계획 때문이었다.

도모 포구 매립과 가교 사업은 포구 연안의 약 2헥타르를 매립하고 179미터의 다리 등을 정비하는 사업이었다. 교통 정체를 없애기 위한 목적으로 현과 시가 항구의 일부를 매립하고 다리를 세우려는 계획이었다. 히로시마 현의 도모 포구의 매립 면허에 대한 신청 계획이 알려지자 2007년 4월 이 지역의 주민 163명은 원고가 되어 히로시마 지방법원에 면허의 임시 금지를 요구하는 소송을 냈다.

이에 후쿠야마 시는 2007년 5월 16일에 마지막 주민 설명회를 개최하고, 5월 23일 히로시마 현에 매립 면허 신청을 청원하였다. 히로시마 현은 주민들의 주장이 역사적인 문화재 보호를 위한 것이라고 판단하면서도 도시 개발의 측면에서 공사에 착수하고 싶다는 의향을 내보였

도쿄 도 미타카 시의 지브리미술관

후쿠야마 시의 도모 포구 매립과 가교 사업 전후 모습_도모포구매립반대주민대책위원회 제공

다. 2008년 2월 29일, 히로시마 지방법원은 주민들의 면허 임시 금지 주장을 각하했지만, 그 후 원고 중 63명에 대하여 법적 보호할 가치가 있는 경관 이익을 소유하는 것에 대한 재판권을 인정하였다. 1심 판결은 2009년 10월 1일에 선고되었는데, 히로시마 지방법원은 원고의 주장을 인정하여 매립 금지 판결을 내렸다.

역사적인 풍경을 지키기 위하여 대형 공공사업을 멈춘 판결은 일본에서 처음 있는 일이었다. 히로시마 지방법원은 도모 포구의 역사적, 문화적 경관 가치를 국민의 재산이라고도 말할 수 있는 공익으로 인정하고, 히로시마 현과 후쿠야마 시에 의한 포구 매립과 가교 사업을 금지하였다. 훌륭한 경치는 국민의 재산이라는 의미에서 주민들의 소송을 인정해 준 결과이다.

일본에서는 국민 공유재산인 경관을 지키기 위해 2004년 경관법을 전면 시행하였다. 우리나라에서는 2007년 경관법이 시행되었는데, 현재 각 지방자치단체들이 준비에 나서고 있어 첫걸음을 떼고 있는 실정이다.

결과적으로 도모 포구와 관련한 히로시마 지방법원의 판결은 추상적인 역사적 경관에 대한 가치를 인정한 것으로, 전국의 공공사업이나 마을 조성에 큰 영향을 끼칠 것으로 예상된다.

세계유산에서 멀어진 엘베 계곡

 역사적 경관 가치의 보전에 대한 문제 제기는 세계적으로도 대두되고 있다. 세계유산에서 삭제된 엘베elbe 계곡의 사례에서도 명확히 볼 수 있다.

 2009년 6월 25일 에스파냐의 세비야에서 열린 세계유산위원회는 다리 건설 문제로 흔들리고 있던 독일 동부 드레스덴의 엘베 계곡을 세계유산 리스트에서 삭제한다고 결정했다. 1972년의 세계유산조약 성립 이후, 2007년 오만의 아라비아 오릭스 보호구가 리스트에서 삭제된 데 이어 두 번째가 되었다.

 엘베 계곡의 약 20킬로미터에 이르는 유역이 세계유산으로 지정된 것은 2004년의 일이었다. 그런데 다음 해에 시내의 교통 정체 완화를 목적으로 이전부터 계획되고 있었던 다리 건설이 주민 투표로 결정되면서 세계유산위원회는 경관이 파괴되었다고 경고하고 위기 유산 리스트에 넣었다. 그 이후 2008년 캐나다에서 열린 세계유산위원회에서 등록 말소를 하지 않는 대신 가교를 터널로 대치하는 방안을 권고하면서 '다리 건설이 중지되지 않으면 2009년에 등록을 말소한다'라고 재차 경고하였다. 드레스덴 측에서는 가교 디자인의 대안 등을 제시하였지만, 경관을 손상시키지 않도록 요구한 세계유산위원회 측의 요구를 채워 주지 못하여 엘베 계곡은 끝내 리스트에서 삭제되었다. 이처럼 경관을 중시하는 것은 이제 세계적인 흐름이 되었다.

아름다운 경치를 볼 공공의 권리, 경관권

한강변을 포위하듯 둘러싼 아파트 병풍, 잘 다져진 황톳길을 시멘트로 범벅해 놓은 숲속 길, 아름다운 바닷가를 훼손하는 횟집, 전봇대, 전깃줄, 간판이 뒤엉킨 도심. 인구의 도시집중과 마구잡이 개발로 흉하게 바뀐 국토와 도시의 모습이다. 부산 해운대 달맞이 언덕의 자연경관은 오륙도와 동백섬이 가장 잘 보이는 대한 팔경의 하나였는데 관광 명소로 개발되어 아파트와 고층 빌딩이 세워지면서 경관을 해치고 있다. 이처럼 깨끗한 환경 유지와 관련하여 경관 문제가 중요시됨에도 불구하고 우리는 그동안 경관 이익에 대해 사회적으로 중요하게 다루지 못하였다.

또한 조망과 경관의 차이성을 알지도 못했다. 조망의 사전적 의미는 먼 곳을 바라보는 것, 또는 그 경치를 말한다. 단순히 조망은 좋은 경치를 향수하는 개인적 이익의 측면을 의미하지만, 경관은 조망이 좀 더 객관화·광역화되어 가치 있는 자연 상태(자연적, 역사적, 문화적 경관)를 형성하고 있는 경우이다. 경관 침해는 지역의 미관 파괴라는 객관적 가치, 즉 주민 일반의 이익을 침해하는 것이다.

미야자키 감독의 말처럼 공공사업으로 도시가 극적으로 발전한다고 하는 것은 환상에 지나지 않는다. 때문에 도모 포구에 관한 판결은 많은 지자체가 잠재력을 가지고 있는 역사적, 문화적 경관 가치를 어떻게 지키고 이용해야 하는가에 대해 주민이 주체가 되어서 생각하는 계기가 되었다고 볼 수 있다.

한국이나 일본에서 경관법이 정하는 경관 계획 수립 과정에는 '주민제안제도'가 있다. 이런 제도를 통해 주민이 경관 가치를 평가하고 활용법 등을 제안할 수 있는 구조가 확립되었다. 자신의 고향인 도모 포구가 역사와 더불어 경관 가치를 자랑할 수 있는 도시가 된다면 포뇨도 무척 기뻐할 것이다.

마지막으로 〈벼랑 위의 포뇨〉의 대화 한 구절을 소개한다. 벼랑 위의 집에서 포뇨의 아버지와 포뇨가 인간에 대한 대화를 나누는 장면이다.

"아빠, 나는 소스케가 좋아. 나도 인간이 될 거야!"
"포뇨! 인간이라고? 그렇게 어리석고 소름 끼치는 생물이 뭐가 좋단 거야? 인간은 바다에서 생명을 빼앗아 가는 생물이야. 나도 예전에 어리석은 인간이었다. 내가 인간을 그만두기 위해 얼마나 고생했는지 아니?"

가슴 아픈 대화다. 아니, 어쩌면 포뇨 아버지의 이야기가 맞는지도 모른다. 지구 생태계를 이렇게 파괴한 것은 오직 인간뿐이니 말이다.

멸종 위기 야생동물과
함께 사는 세상

❶ 니가타 현 사도 시
따오기 쌀을 아시나요?

❷ 효고 현 도요오카 시
34년 만에 자연의 품으로
돌아간 황새

❸ 후쿠오카 현 기타큐슈 시
기타큐슈에서 되살아난
반딧불이

❹ 홋카이도 샤리 군
곰과 사람이 공존하는 사회

사도 섬 논에 서식하는 따오기

니가타新潟 현 사도佐渡 시
따오기 쌀을 아시나요?

사라진 따오기

보일 듯이 보일 듯이 보이지 않는
따옥따옥 따옥 소리 처량한 소리
떠나가면 가는 곳이 어디메이뇨
내 어머님 가신 나라 해 돋는 나라

우리나라에서 멸종된 따오기를 볼 수 있다는 기대감을 가지고 '따오기 섬'인 사도 섬을 2008년 여름에 두 번 다녀왔다. 한 번은 창녕의 따오기 복원 사업을 도와주러 갔고, 다른 한 번은 '한일 논 생물 국제 심포지엄'에 참석 차 니가타를 갔다가 일행과 함께 견학을 다녀왔다.
천연기념물 제198호이자 세계적 멸종 위기 조류인 따오기를 모르는 사람들은 없을 것이다. 따오기는 한민족과 함께 한반도에서 살았던 정겨운 새이다. 하지만 이제는 동요와 동화에서만 전해지는 서글픈 신세가 되었다. 동요 〈따오기〉는 1925년 동아일보 신춘문예에 당선된 아동문학가 한정동의 동시에 윤극영이 곡을 붙인 것으로, 서글프고 처량한 당시 조선 민족의 처지를 잘 표현해 주는 우리나라를 대표하는 동요이다.

따오기는 19세기까지는 동아시아에 널리 분포되어 흔하게 볼 수 있는 새였지만, 20세기 전반부터 격감했다. 2010년 12월 현재 한·중·일 3개국에 있는 따오기의 개체 수는 1814마리라고 한다. 몸의 크기는 약 76센티미터, 날개를 펴면 약 130센티미터이며, 얼굴 부분은 주홍색을 띤다. 따오기아과 특유의 아래쪽으로 굽은 부리와 뒷머리의 장식깃이 특징이다. 온몸은 흰 빛을 띠지만 봄부터 여름에 걸친 번식기에는 목덜미로부터 검은 분비물이 나와 이것을 몸에 바르면 등 부분이 잿빛이 되며 날개의 아랫부분은 연한 분홍빛을 띤다. 백로류가 날아오를 때에 목을 접어 구부리는 것에 반해 따오기는 목을 편 채로 날아간다. 암수 모두 거의 같은 모습이다.

예전에는 한반도에도 다수의 따오기가 서식했고, 20세기 초까지는 몇 천 마리를 넘는 큰 무리도 관찰된 적이 있다. 1937년 함경남도 함흥에서 관찰된 적이 있고, 그 이후에는 1965년 평안남도, 1966년 판문점, 1978년 판문점에서 세 차례 관찰기록이 있으며, 1968년도에 천연기념물 제198호로 지정되어 있다.

현재 따오기는 멸종 위기종으로 알려져 있다. 따오기는 국경을 넘어 동아시아의 논과 밭에서 쉽게 볼 수 있었던 새인데, 멸종 위기까지 갔다가 현재 한·중·일 3개국에 1300마리 정도가 살고 있는 것으로 알려져 있다. 일본에서는 2003년 야생종이 멸종되었고, 복원 사업을 통해 현재 약 140마리가 있는데, 한국과 일본의 따오기 모두 중국에서 받은 자손이라고 한다. 세계에서 가장 많은 따오기가 있는 곳은 중국으로, 600마리가 산시 성과 베이징 시에서 사육되고 있고 야생에서 500마리 이상이 살고 있다고 한다.

우리나라 따오기는 현재 멸종된 것으로 보고되고 있다. 지난 2008년 10월 중국 산시 성 양현에서 들여와, 창녕 우포따오기복원센터에서 복원되는 따오기 양저우, 룽팅 부부가 한국에 둥지를 튼 지 6년 만인 2014년 현재 모두 52마리로 늘었다.

따오기의 고향 니가타로

우리에게 동요로 친근한 따오기는 사실 우리 땅에서 오래전에 멸종된 새이다. 일본에서도 한국과 마찬가지로 야생에서 멸종되었는데, 따오기를 다시 복원한 마을이 니카타 현의 사도 섬이다. 도쿄에서 니가타 시까지는 270여 킬로미터나 떨어져 있다. 우리나라의 KTX와 비슷한 고속 열차인 신칸센을 타고 가야 하는데, 2시간 10분 정도 걸린다. 니가타로 가는 신칸센의 이름은 도키, 우리말로 따오기이다. 일본 사람들은 사도 섬과 그 섬이 있는 니가타 현을 따오기의 고향이라고 부른다. 지역 주민들이 따오기를 사랑하는 마음을 담아 따오기라는 기차 이름을 붙여 주었다.

"여기는 따오기의 고향, 니가타입니다. 이 열차의 종점입니다."

니가타로 떠나는 도키(따오기) 신칸센

　종점을 알리는 안내 방송이 나온다. 기차에서 내려 다시 항구로 향한다. 니가타 항에서 카페리호를 타면 2시간 30분이 걸려 사도 섬에 도착한다. 선착장 입구에는 '사도 섬을 세계유산으로'라는 깃발이 이곳저곳에 걸려 있고, 사도 섬의 특산물 전시 코너에는 따오기 섬임을 자랑하듯 따오기와 관련된 상품이 가득 전시되어 있다. 갑판장에서 시원한 바닷바람을 맞으며 한참을 쉬고 있는데 멀리서 사도 섬이 보인다. 사도 섬은 지도상에서 보면 영어의 S자 모양으로 보인다.
　일본열도에서 멀리 떨어져서인지 유배지로도 유명하다. 8세기의 헤이안 시대 이후 권력 투쟁에서 패한 사람과 사상적인 탄압을 받은 사람들의 유배지였던 터라 귀족 문화가 발전하였다. 그리고 17~18세기 에도시대에는 금광 채굴에 종사하던 무사와 서민들에 의하여 사도의 독자적인 문화가 형성되었다. 지금도 가면극과 인형극 등의 전통 예능과 이산화철을 함유한 적토와 점토를 섞어서 만든 도자기 등의 공예품이 전해지고 있다.

따오기를 살리기 위한 사도 섬의 노력

선착장에서 20분 정도 버스로 이동하니 사도따오기보호센터에 도착했다. 오늘 일정은 사도따오기보호센터와 따오기 방사 예정지인 논, 금광으로 이어지는 코스이다. 사도따오기보호센터의 관장이 우리 일행을 반갑게 맞이한다. 전시실과 사육 시설을 안내하면서 따오기 이야기를 들려주었다.

"여러분 따오기의 고향 사도 섬에 오신 것을 환영합니다. 사도 섬의 중앙부에 있는 평야 지대에 사도따오기보호센터와 따오기자료전시관, 따오기의숲공원이 있습니다. 인근에는 따오기교류회관과 야생 복귀 스테이션이 설치되어 운영되고 있습니다."

사도따오기보호센터는 이전 시설이 노후하여서 1993년에 현재 위치로 확장 이전하였다고 한다. 2헥타르의 부지 5개 동에는 사육 번식 케이지와 격리 검역용 케이지, 새끼를 기르기 위한 케이지, 관리 연구동 등이 배치되어 있다. 사육 번식 케이지 내에는 폐쇄 회로 카메라가 설치되어 있어 따오기의 행동이나 산란 모양 등을 모니터 화면상에서 관찰할 수 있다. 전시관에는 따오기의 보호 증식에 관한 패널, 영상·음성 자료, 박제와 골격 표본 등이 전시되어 있다. 따오기의 생태와 보호 활동의 과정, 인공 번식의 성공, 야생 복귀 과정이 일반인들도 이해하기 쉽게 구성되어 있다. 전시관은 그야말로 따오기의 생태에 대해서 학습할 수 있게 잘 정리되어 있었다.

사육장에 있는 따오기를 실제로 처음 볼 수 있었다. 사진으로 보던 따오기를 육안으로 볼 수 있는 좋은 기회였다. 따오기는 도감에서 본

사도따오기보호센터와 야생 복귀 스테이션

대백로, 따오기, 황새 비교

대로 엷은 홍색 날개가 보이고 검은 부리는 휘어져 있고, 눈 주변은 붉은색이었다. 관장은 따오기를 가리키며 설명해 주었다.

"따오기는 황새목 저어새과에 속하는 새로 생김새가 대백로나 황새와 비슷합니다. 목과 다리가 긴 것이 특징입니다. 몸길이는 대백로가 89센티미터, 따오기는 76센티미터, 황새는 112센티미터이지요. 따오기는 엷은 홍색 날개가 상징이에요. 날개를 접으면 하얗게 보이지만 날개를 펴면 홍색이 선명하게 보입니다. 머리 뒤쪽에 뚜렷한 벼슬 깃이 보입니다."

사도 섬이 마지막 서식지가 된 배경을 물었다. 메이지 시대 이후 두루미와 황새처럼 포획되거나 농약을 사용하면서 따오기의 먹이가 감소했고 멸종 위기까지 가게 되었다. 사도 섬이 마지막 서식지가 된 것은 오랫동안 많은 농경지가 남아 있고, 겨울에도 샘물이 많이 있었기 때문이라고 설명했다.

사도따오기보호센터에서 따오기가 방사될 예정인 논으로 향하였다. 사도 시청 와타나베 농림 계장과 '따오기를보호하는농민모임'에서 현장 설명을 해주었다.

"사도의 벼농사 역사는 약 2천 년 전부터 시작되었습니다. 17세기에 금광이 발견되고 사도 섬에 광부들의 인구가 급증했습니다. 섬 주민들의 식량을 확보하기 위해 농경지를 더욱 확보해야 했고, 평야로부터 산간 지역의 계단식 농경지까지 개발되었습니다. 금광인 가나야마의 역사가 사도 섬에 논을 만들게 한 배경이 되었지요. 다른 섬에 비해 논의 면적이 매우 넓습니다. 사도에는 평야 지대에 있는 4천 헥타르와 산간 지역에 있는 2천 헥타르를 합해 6천 헥타르의 논이 있습니다. 사도의 인구가 6만 명을 조금 넘는데 8배 정도인 50만 명이 먹을 수 있는 쌀이 생산되고 있습니다."

그런 연유로 논이 많아졌고, 먹이가 풍부한 사도 섬에 따오기가 살기가 좋아졌다고 한다. 따오기는 습지 환경을 상징하는 깃대종이다. 논은 따오기의 먹이터로 제일 적당한 곳이기도 하다. 그러나 이후 사도의 서식 환경도 점차로 악화되었고, 자연 생태계에서 번식이 어렵다고 판단되어 1981년 야생에서 마지막 남은 야생 따오기 5마리를 포획했다. 포획된 따오기는 번식에 성공하지 못했고, 중국에서 요요와 양양 한 쌍의 따오기를 얻게 되면서 번식에 성공했다.

따오기 방사를 위해서는 서식 환경의 확보가 제일 중요하다고 했다. 따오기를 방사하기 위한 농가의 준비로, 따오기의 먹이터 만들기와 농약과 화학비료를 삭감한 환경 보전형 농업을 조합해서 생물을 육성하는 농업을 진행하고 있다. 친환경 쌀의 브랜드화를 계획하여 농가와 농협에 제안했다. 생물을 육성하는 농업을 진척시키기 위해서 '따오기가 사는 고향 만들기 인증 제도'를 준비했다. 생물들이 살아 있는 농

사도따오기복원센터의 기념비

법을 한 농가에게는 보상해 주는 제도를 실시하고 있다. 논 주변에 자연형 개울을 흐르게 하고 겨울 무논과 어도를 설치하여 물속 생물들이 잘 살 수 있는 환경을 만들고, 생물 다양성이 높은 논을 만들었다.

 니가타대학과 협력하여 생물 다양성을 효과적으로 보전하기 위해 따오기의 서식 개체 수를 과학적으로 조사하고 있고, 생물다양성판 GIS제도와 평가 시스템을 구축하는 등, 따오기 논을 보전하기 위해 사도 섬 다른 주민들도 함께하고 있다. 지역 학생들과는 논 생물 조사와 따오기 먹이 조사 활동, 그리고 농사 체험을 통하여 미래 세대의 어린이들이 논과 따오기를 왜 보전해야 하는지 몸으로 직접 느끼게 하고 있다. 시민들이 직접 논 생물 조사를 하면서 농업에 대한 의식이 바뀌었고 그 결과 섬 전체의 논에서 화학비료와 농약 사용량이 50퍼센트 정도 줄었다고 한다.

　사도 섬의 따오기와 농업을 살리기 위한 노력은 세계적으로 인정을 받아 2011년 유엔 식량농업기구FAO로부터 세계 농업 유산으로 등록되었다. 따오기와 공생하는 농업, 계단식 논과 농촌 문화 보전, 아름다운 사도의 자연을 보전한 것이 유엔에서 인정을 받은 것이다. 2008년부터 4년에 걸쳐 따오기 방사가 시작되어 이미 따오기 60마리가 사도 섬의 창공을 날고 있어 섬의 각 지역에서 따오기의 모습을 보게 되었다고 한다. 사도 섬의 도전은 일정한 성과를 얻었고, 아름다운 마을

사도 섬의 생태계 젖줄 '둠벙'과 사도 섬의 농민

산의 풍경을 지키기 위해서 사람이 다양한 생물과 지속적으로 공생할 수 있는 마을 만들기 모델로 완성하려고 노력하고 있다.

창녕에서 있었던 '한일 논 생물 국제 심포지엄'에서 가이 모토나리 사도 시장을 만났다.

"여러분 기뻐해 주세요. 여러분에게 사도의 기쁜 뉴스를 한 가지 알립니다. 2008년에 사도로 야생 복귀를 시작한 따오기에게서 36년 만에 새끼가 탄생했습니다. 사도 시민뿐만 아니라 일본 국민 전체가 바라며 기다리고 있었던, 야생에서 탄생한 2세입니다. 새끼 따오기가 순조롭게 성장하여서 사도의 넓은 하늘에서 날갯짓하기를 기원하고 있습니다."

모토나리 시장은 사도 섬의 따오기 복원과 친환경 농업 사례를 발표하는 첫머리에서 야생에서 탄생한 따오기 소식을 흥분된 목소리로 우리에게 전해 주었다. 사도 섬에 이어 창녕에서도 2019년에 따오기 방사가 이뤄져 2024년 현재 300여 마리의 따오기가 우포늪을 날고 있다.

생태계도 지역 주민의 삶도 윤택하게

세계적으로 자연환경과 먹을거리에 대한 관심이 더욱 고조되고 있다. 따오기 쌀 외에도 일본 여러 농촌 지역에서 오리, 송사리, 물방개 등 논에 서식하는 생물의 이름을 붙인 생물 브랜드 쌀이 출시되고 있다. 생물 브랜드 쌀은 생산자가 논의 생태계를 배려하고, 논에 살았던 생물을 되돌려 주는 것을 목적으로 해서 시작되었다. 다양한 저서생물과 곤충, 어류, 철새와 같은 생물이 살 수 있는 논에서 자란 쌀이라는 홍보 때문에 식생활 안전을 추구하는 소비자의 기호에도 맞아 판매도 늘어났다. 일본에서 생물 브랜드 쌀은 최근 10년간 계속적으로 증가해 20개 이상이 출시되었다.

소비자들은 쌀의 품질과 가격 이외에도 환경이라는 측면을 고려하기 시작하였다. 황새나 따오기 등 지역의 상징적인 생물과의 공생을 전면에 내세운 브랜드 쌀을 재배하기 위해서는, 환경을 배려한 무농약(저농약) 재배를 채택하고, 논에 물을 채우는 기간도 늘리고 겨울 무논도 도입하는 것이 필수적이다.

사도 섬에서 생산되고 인증을 받은 쌀은 일반 쌀보다 3배 이상 높은 가격으로 판매되고 있다. 원래 사도 섬의 쌀은 고시히카리라고 일본에서 제일 유명한 쌀로 인기가 높은 데다가, 따오기 쌀이라는 브랜드를 붙여서 가격이 더욱 상승했다는 설명이다. 다른 지역의 시민들도 함께 농경지 보전 활동에 참여하면서, 도시 주민을 대상으로 한 계단식 논 오너 제도를 도입했다고 한다. 이들은 산간 지대의 계단식 논의 경관 유지나 생물 다양성 농업에 공감하는 사람들이다. 일반적으로 지역 농가가 논 관리를 하지만, 모내기와 벼 베기를 도시인들이 체험하여 계단식 논의 경관을 홍보하며 보전하고 있다.

사도 섬의 따오기에 대한 사랑이 멸종된 새를 살리고 생태계와 지역 주민의 삶도 윤택하게 만들었다. 지역 주민의 자연보호와 농업의 중요성에 대한 인식도 한층 높아졌다. 한국에서도 진행되고 있는 황새와 따오기 복원 사업이 종의 복원을 넘어 지역 주민의 삶과 자연을 모두 회복시키는 계기가 되기를 바란다.

따오기 쌀을 재배하는 논에서 모내기 체험 활동_사도 시 제공

황새고향공원에서 사육되고 있는 황새

효고兵庫 현 도요오카豊岡 시
34년 만에 자연의 품으로 돌아간 황새

황새, 자연의 품으로 다시 돌아가다!

2005년 9월 24일 일본의 방송과 신문은 톱뉴스로 황새 방사 소식을 알렸다. 멸종된 지 34년 만에 세계 최초로 황새 5마리를 자연으로 다시 돌려보낸 역사적인 날이다. 먹이 훈련을 거친 8마리 중에서 2~7세의 수컷 2마리와 암컷 3마리, 모두 5마리가 도요오카 시 하늘로 큰 날갯짓을 하며 날아오르는 모습을 일본 국민들 모두가 기뻐하며 응원했다.

일본 황새 방사 소식을 들으니 우리나라 마지막 황새의 죽음이 떠올랐다. 1971년 4월 1일 모 일간지 1면에 황새 한 쌍이 충북 음성군 대소면에서 알을 낳아 품고 있다는 소식이 크게 보도되었다. 그러나 이 낭보는, 사흘 뒤 서울에서 내려간 어느 사냥꾼이 엽총으로 수컷 황새를 쏘아 죽이고, 이튿날 암컷이 품고 있던 알 4개를 누군가가 가져가면서 비극으로 끝났다.

홀로 남은 음성 '과부 황새'는 그 뒤로 농약에 오염된 먹이를 먹고 쓰러져 과천 서울대공원으로 옮겨졌고, 1994년 9월 늙어 죽었다. 교과서에도 실렸던 과부 황새 이야기는 사라져 가는 종에 대한 아픔을 느끼게 하였다. 한국과 일본에서 황새가 야생에서 멸종된 것은 공교롭게도 1971년 같은 해이다. 황새의 멸종 원인은 서식지 파괴와 농약 살포, 먹이 감소 등으로 밝혀졌다.

황새를 방사하는 행사에는 일본 최고의 조류 연구소인 '야마시나조류연구소' 총재를 맡고 있는 일본 황실의 아키시노노미야 후미히토 왕자와 문화청 장관, 효고 현 지사 등 약 3500명이 참여했고, 모두들 언덕에 서서 자연으로 돌아가는 황새를 배웅하였다. 그 이후에도 황새는 몇 차례 더 방사되었고, 2006년 4월에는 자연 속에서 산란하는 것이 관찰되기도 하였다. 1985년에 러시아에서 황새 6마리를 입양하여 야생에 복귀시키기 위한 노력을 한 지 20년 만의 결실이었다. 1992년부터 황새를 야생에 복귀시키는 계획을 세워 연구를 진행하였지만, 좀처럼 쉬운 일은 아니었기에 황새의 자연으로의 복귀는 더욱 의미 있게 조명된 것이다.

"도요오카에서 방사한 황새 중 한 마리가 1천 킬로미터나 떨어진 아오모리 시에서 발견되었습니다."

각종 매스컴에서는 황새 소식을 연일 전해 주었다. 뉴스 속보로 시시각각으로 황새 소식을 보도해 주어서 스포츠 생중계를 보는 듯한 느낌이 들 정도였다. 일본인들의 새에 대한 관심과 애정이 세계 어느 나라보다도 높은 것을 알 수 있는 대목이다.

2007년 도요오카 시의 황새를 만나 보고 싶어 도요오카 시에 연락을 하였다. 직접 방문해 도요오카 시가 펼치고 있는 황새에 대한 보전 활동과 시민 참여에 대해서 알아보고 싶었다. 편지를 보낸 지 며칠 되지 않아서 답장이 왔다.

"12월 21일 방문한다는 메일은 잘 받았습니다. 일정에 맞도록 시간을 조절해 놓았습니다. 다시 연락 주시기 바랍니다."

뉴스로만 접하던 황새의 고향 도요오카 시에 대한 이야기를 직접 들을 수 있게 되어 마음이 들떴다. 과연 도요오카 시는 어떻게 자연에서 사라진 황새를 복원하였고, 시민들은 이를 어떻게 생각할까? 기대감과 흥분에 휩싸인 채 도요오카로의 여행은 시작되었다.

사람과 함께 사는 황새

황새는 어떤 새일까? 한국에서는 직접 황새를 본 적이 한 번도 없었지만, 황새는 사진이나 이야기로 우리에게 친숙한 새이다. 2000년 프랑스의 알자스 지방에 있는 슈바이처 생가를 방문했을 때 유럽 황새를 만난 적이 있다. 민가 지붕 위 큰 덤불과 나뭇가지로 이루어진 둥지에서 생활하는 모습이 인상적이었다. 한국과 일본의 황새가 키 큰 나무 위에 둥지를 트는 것과 달리, 유럽의 홍부리황새는 민가의 지붕 위에 둥지를 틀고 새끼를 키운다. 홍부리황새가 갓난아기를 부리로 가져온다는 이야기도 있고, 홍부리황새가 둥지를 튼 집에는 행복이 찾아온다는 이야기가 전해져 내려오고 있다. 아기가 태어난 집에 숯과 고추를 매달았던 우리나라의 풍습처럼, 유럽과 북미에서는 황새의 그림을 걸어 놓는 풍습이 있다. 그날 만났던 황새는 이솝우화의 〈여우와 황새〉에 나오는 유럽 황새이다. 우리나라와 일본, 중국에서 살고 있는 황새보다 크기가 작고 부리가 붉은색인 것이 특징이다.

우리나라 황새는 유럽 황새보다 키가 한 뼘 정도 더 커서 약 110~115센티미터이고, 날개를 펴면 160~200센티미터에 이르는 대형 물새이며, 부리의 색깔이 검은빛을 띠고 있다. 황새를 멀리서 보면 사뭇 두루미와 닮아 자주 혼동될 때도 있다. 하지만 두루미와는 생김새와 울음소리, 포식 행동이 달라 구별이 된다. 생김새로 보면, 두루미는 머리 윗부분이 빨갛고 목과 다리가 검은 것이 특징이다. 흑두루미는 머리 윗부분이 붉고, 몸과 날개가 검은색을 띠며 다리가 검은 것이 특징이다. 재두루미는 몸과 날개가 대부분이 잿빛을 띠며 등의 일부는 흰색이다. 또 울음소리로 구별할 수 있다. 두루미는 큰 소리로 울지만, 황새 성조成鳥는 울지 않는다. 황새는 클래터링clattering이라고 하여, 목을 뒤로 젖혔다가 앞으로 숙이면서 부리를 힘차게 여닫아 부딪쳐 둔탁한 소리를 낸다. 클래터링은 동료와 주고받는 신호로 사용하기도 한다. 그리고 포식 행동도 두루미와 황새는 차이가 있다. 쟁이나 미꾸라지와 같은 어류를 먹을 때 두루미는 부리로 잘게 쪼아서 먹는 반면, 황새는 통째로 삼켜서 먹는 편이다.

황새의 고장 도요오카 시

도요오카 시는 효고 현에 속한다. 도요오카 시내에서 황새를 사육하고 연구하는 '황새고향공원'으로 가는 풍경은 전형적인 농촌 마을의 모습이었다. 마을 산처럼 낮게 산세가 펼쳐져 있고, 맑은 강이 흐르고 주변에는 논과 밭이 있어 깨끗한 인상을 주었다.

황새고향공원에 도착하여 나카카이 무네하루 도요오카 시장과 사타케 세쓰오 황새공생과 과장을 만날 수 있었다. 그때 이후에도 몇 번 더 도요오카를 방문하거나 회의하면서 그들을 만날 기회가 있었는데, 황새에 대한 사랑이 차고 넘치는 공무원들이었다. 사타케 과장은 정년 퇴직하고 지금은 황새를 지키는 시민 단체 활동을 하고 있다. 2012년

도요오카의 황새고향공원 입구

황새고향공원에서 사육되는 황새

마이니치신문과 조선일보가 주최하는 한일환경상 대상을 받기도 했다. 황새 담당 업무를 20년 넘게 하다 보니 웬만한 전문가보다 황새에 대해서 잘 알고 있었다.

황새고향공원은 효고 현과 도요오카 시가 1999년에 50억 엔을 들여 165헥타르 부지에 지은 사육 및 연구 시설이다. 이곳에는 부화실, 번식장, 방조 훈련장, 방문관 등 황새와 관련된 모든 시설이 들어서 있다. 방문관에는 각종 민담과 전설, 구증 등의 고문서 기록은 물론, 황새를 복원하기까지 40년 동안 보도된 기사와 사진이 시간별로 정리되어 누구나 언제든지 볼 수 있도록 했다. 평일 하루 1천 명, 주말에는 3, 4천 명가량의 탐방객들이 찾고 있었다.

1971년 황새가 멸종되기 6년 전인 1965년부터 황새 복원 연구는 시작되었다. 황새가 멸종 위기에 놓이자 러시아에서 황새 몇 쌍을 들여와 인공 사육을 시작했다. 하지만 정부와 국민들은 사육장 속이 아닌 자연에서 황새를 보고 싶어 했고, 그 결실로 1992년부터 황새 야생 복원 프로젝트가 시작되었다.

　오랜 기간의 연구와 시민들의 열망 덕분에 2005년에 처음으로 야생 방사에 성공했다. 인공 사육 40년, 야생 복원 13년 만인 2005년, 마침내 황새 5마리를 자연으로 돌려보낼 수 있었다. 2007년에는 야생에서 새끼 황새도 태어나고, 현재 18마리가 야생에서, 100여 마리가 사육장에서 생활하고 있다.

　황새를 자연으로 돌려보내는 일은 시의 노력만으로 해결될 수 없었다. 황새가 자연에서 살기 위해서는 먹이를 먹을 수 있는 깨끗한 논과 쉴 수 있는 건강한 숲이 있어야 하기 때문이다. 농약으로 오염된 토양과 수질을 40년 전의 상태로 되돌려 놓지 않으면 황새 복원은 불가능하기 때문이다. 도요오카 시민들은 여러 가지 불편함을 감수하고 황새를 자연으로 되돌려 보내기 위해 적극적으로 참여했다.

　"왜 우리 논에 농약을 못 치게 하는 거요?"

　초기에는 황새 복원을 위해 200헥타르의 논농사를 유기농으로 바꾸려고 하니 여기저기서 볼멘소리가 나오기 시작했다. 그러나 생물 종이 사라지는 것은 쉽지만 다시 복원하는 과정은 시간이 많이 걸리고 많은 사람들의 인내가 필요하다는 것을 알게 되었다. 일부 주민들의 반대를 이겨 내는 데는 과거의 아름답고, 인간과 황새가 공존했던 사진 한 장이 큰 역할을 하였다. 1960년 도요오카 시내를 흐르는 하천에서 황소와 농부, 그리고 12마리 황새가 정답게 노니는 장면이 담긴 사진이 발견되면서 많은 사람의 생각이 바뀌기 시작했다. 이 사진이 공개된 후 시민들은 자연과 인간이 공존했던 시절로 돌아가는 것이 맞다는 것을 공감하였다.

"농민들의 협력이 무척 중요한 일입니다. 민관이 협력하지 않으면 절대로 불가능한 사업입니다."

사타케 황새공생과 과장은 힘주어 민관 협력을 강조하였다. 이후 시청과 농민들은 황새들의 먹잇감인 미꾸라지 등 작은 물고기들이 드나들기 쉽게 논두렁 옆에 계단식 수로를 설치하고, 강둑도 자연형 하천으로 되돌리는 공사를 하였다. 황새가 자유롭게 날아다닐 수 있도록 전선을 땅속에 묻는 지중화 공사도 진행하고, 주택 난방도 이산화탄소 발생을 줄이기 위해 태양열 방식으로 전환하였다.

우리 일행을 위해 나카카이 시장은 '황새와 함께 살자. 도요오카의 도전'이라는 주제로 강연을 하였다. 황새를 왜 복원해야만 하는지에 대한 강한 신념과 열정을 느꼈다.

"여러분 환영합니다. 저는 황새 복원을 위해 도요오카 시가 노력하는 이유에 대해서 세 가지만 말씀드리겠습니다. 첫째는 황새와 인간의 약속을 지키기 위해서입니다. 43년 전 멸종된 황새가 다시 도요오카 상공에서 날게 해야 한다는 약속입니다. 황새가 살 수 없는 환경은 인간도 살 수 없는 환경입니다. 제일 중요한 것은 농업 문제입니다. 무농약 농업을 하려 합니다. 논을 살려야 합니다. 논은 생명의 공간이고 많은 생물들이 살고 있습니다. 건강한 논이 없다면 황새가 복원되어도 갈 곳이 없습니다.

둘째는 환경·경제적인 측면입니다. 환경은 경제를 발목 잡는다고 생각하는 사람이 많습니다. 자연 생태계가 좋아지면 경제적으로 좋아진다는 것을 보여 주고 싶습니다. 황새 때문에 시골 마을인 도요오카 시에 100만 명이 넘는 관광객이 찾아왔습니다. 황새 방사 이전에는 12만

황새고향공원에 전시된 도요오카 시 범죄 신고 포스터, 버스에 그려진 황새 그림

명 정도 우리 시를 찾았는데 방사 이후 2005년에는 24만 명이, 2006년에는 48만 명이, 2007년에는 60만 명 가까운 사람이 우리를 찾습니다. 바로 황새가 나는 마을을 직접 보고 싶어서지요. '황새의 춤'이라는 쌀을 비롯해 무공해 특산물을 발굴하고 초·중·고등학교와 대학의 교육과 연구 장학 사업을 펼쳤습니다. '황새의 춤'이라는 쌀은 기존의 쌀보다 30퍼센트 이상 비싼 가격이지만 날개 돋친 듯 팔리고 있습니다. 각종 농산물과 기념품 판매도 급증하고 있습니다. 황새 기금 마련을 위해 시내 음료 자동판매기 수익의 16퍼센트가 황새 기금으로 조성되고 있습니다.

셋째는 어린이를 위해서입니다. 어린이가 논으로 다시 돌아왔습니다. 논에서 농사 체험도 하고 생물 조사도 하고 진흙에서 놀기도 합니다. 황새가 생활하는 건강한 논이 어린이에게 중요한 환경 학습의 공간이 되고 있습니다. 감사합니다."

환경 시장으로 유명한 나카카이 시장의 이야기를 통해서 왜 황새를 복원해야 하는지에 대해 충분히 이해할 수 있었다. 도요오카 시는 15년 전에 황새공생과란 기구를 설치하여 황새에 대한 업무를 전담하였

황새고향공원 내부 모습과 기념품들

다. 도시를 거닐면 온통 황새에 대한 그림과 전시물들이 눈에 띈다. 시장 관용차에 황새 그림을 새겨 넣었다. 시내버스에도 황새 그림이, 하수구 맨홀 뚜껑에도 황새가 그려져 있다. 나아가 온천 중심거리를 '황새거리'로 이름 짓고, 기념탑에서 쓰레기통까지 황새로 이미지 작업을 했다. 시민과 함께하는 황새 축제를 열고, 세미나와 생명감사제도 개최하였다.

황새고향공원은 먼저 황새를 보호하며 증식하고 야생 방사 준비를 위해 세워졌다. 그리고 사람과 황새가 공생할 수 있는 환경교육의 장소를 제공하는 것을 목적으로 만들어졌다. 이 공원은 '황새의 종 보존과 유전적 관리', '황새 야생화를 향한 과학적 연구 및 실험적 시도', '사람과 자연이 공생할 수 있는 지역 환경 창조를 향한 보급 계발'의 3가지 기본적 기능을 가지고 있다.

생명의 보고, 논의 재생

황새고향공원을 나서서 황새가 방사된 현장으로 이동하였다. 들판과 산자락은 온통 눈으로 뒤덮였는데 논 가장자리에 눈에 띄는 것이 있었다. 바로 12.5미터 높이의 황새 인공 둥지이다. 둥지 위에 황새가 2마리 보였다. 지푸라기를 가져가서 둥지를 다듬고 있었다. 지금은 알을 품고 있는 기간이었다. 보통 32~35일 정도 알을 품으면 황새가 태어난다. 아직 완전하게 적응한 상태는 아니겠지만 논 한가운데에 있는 황새의 모습이 대견해 보였다.

황새를 위해서 논과 하천의 모습도 변화하고 있었다. 도요오카 시를 관통하고 있는 마루야마 강 주변에는 다양한 생태계 실험들이 벌어지고 있었다. 논과 하천을 연결해 주는 어도를 물속 생물들이 자유롭게 이동할 수 있도록 재정비하고, 234헥타르를 황새가 살 수 있는 생태계로 복원할 계획이다. 일본도 1950년대부터 논둑을 포장 정비하고 하천을 개수하면서 논의 자연 모습이 점점 사라지고 강과 수로 사이가 단절되어 논 생물은 급격하게 감소했다. 농약으로 인해 황새의 먹이가 되는 생물이 사라지고, 황새도 병이 들어 점점 멸종하게 되었던 것이다.

황새의 서식 공간으로서 논 관리가 중요한 포인트이다. 황새를 방사하기 위해 건강한 논이 필요하고, 그 결과 사람들도 황새 쌀을 먹을 수 있다. 황새가 살 수 있는 농사를 하기 위해서는 3가지 원칙이 있다. 먼저, 무농약 방식과 저농약 방식 두 가지로 이루어지는 친환경 농사이다. 무농약 방식은 재배 기간 중에는 농약을 사용하지 않고, 저농약 방식은 통상보다 농약 사용량을 75퍼센트 삭감(고시히카리 재배)하거나 65퍼센트 삭감(청주 제조)한 경우가 있다.

다른 한 가지는 겨울 무논 조성이다. 농사가 끝난 논에 물을 채워 논 생물들이 겨울을 지낼 수 있게 하는 것이다. 마지막으로 '황새의 춤'(쌀), '황새의 선물'(청주) 등과 같은 황새 브랜드를 널리 알려서 황새 논에서 나온 쌀을 소비할 수 있게 기반을 마련하는 것이다.

도요오카의 황새 농법은 겨울에는 겨울 무논 137헥타르에 물을 가득 채우고, 7월 중순까지 물을 남겨 논 안의 생물을 살게 한다. 살충제를 사용하지 않으면서도 개구리, 사마귀, 거미, 잠자리와 같은 천적

한·일 어린이가 하치고로 습지에서 벌인 하천 생물 조사

생물들을 이용하여 해충 피해를 최소한으로 억제했다. 도요오카시영 농조합은 다음과 같은 실천을 했다.

   1. 논 비오톱 12헥타르 설치(2003년~)
   2. 무농약 벼 재배 (2004년~)
   3. 겨울 무논 농법 137헥타르(2005년~)
   4. 논에 보 110개소 설치(2005년~)
   5. 방사 거점 설치(2006년~)
   6. 인공 둥지 탑 설치(2006년~)
   7. 미꾸라지 양식 못 설치(2006년~)

한국에도 황새가 돌아오다

우리나라에서도 교원대 황새복원센터를 중심으로 황새 복원 연구에 박차를 가하고 있다. 교원대는 1996년 새끼 황새 2마리를 러시아에서 들여와서, 각고의 노력 끝에 2002년 인공 번식에 성공하고 이듬해에는 사육장 내에서 새끼가 태어나는 성과를 얻었다. 황새 복원에 성공하면서, 2009년 충남 예산군이 문화재청 지원을 받아 황새 마을 조성 사업을 진행하였다. 현재는 순조롭게 진행돼 황새 사육 시설, 습지 그리고 문화관 등 시설을 갖춘 예산황새공원을 운영하고 있다. 2014년 봄에는 황새복원센터가 사육하고 있는 황새 30쌍 60마리를 예산으로 옮겨 와 본격적인 인공 증식과 야생 훈련을 거친 뒤, 2015년 9월 첫 야생 방사가 이뤄졌고 2024년 현재 야생에서 150여 마리의 황새가 서식하고 있다.

그러나 예산군은 도요오카 시에 비해 황새마을을 준비한 시간이 훨씬 부족하다. 생태계를 복원하는 데는 지역 주민의 협력을 얻는 것이 가장 중요하고, 이는 황새 복원 사업 성공의 열쇠이다. 어린이부터 농민, 공무원, 지역 주민들이 힘을 합쳐서 함께 관심을 가지고 협력해야만 황새가 함께하는 마을을 만들 수 있다. 황새는 단지 멸종된 한 종의 새가 아니다. 그동안 우리 땅에서 무관심하게 사라졌던 생명체의 대명사가 되었다. 생물 다양성이 파괴되는 것은 결국 문화가 사라지는 것과 마찬가지이다. 항상 잊지 않도록 이 교훈을 곰곰이 되씹어 봐야 할 것이다.

사야카타니초등학교의 반딧불이관

후쿠오카福岡 현 기타큐슈北九州 시
기타큐슈에서 되살아난 반딧불이

맑은 물의 상징 반딧불이와 기타큐슈

반딧불이는 딱정벌레목 반딧불이과에 속한다. 세계적으로 반딧불이는 2천여 종이 넘게 분포되어 있고, 우리나라에는 7, 8종이 존재하는 것으로 알려져 있다. 스스로 빛을 발하는 곤충인 반딧불이는 깨끗한 환경에서만 서식하는 대표적인 환경 지표 곤충으로 우리나라에서는 천연기념물 제322호로 지정해 보호하고 있다. 1년 정도의 긴 애벌레 시기를 거쳐 성충이 되어서는 2주를 살다가 일생을 마친다. 반딧불이는 유충 시기에 물속에서 머물며 다슬기를 먹이로 하고 있어서, 서식 환경으로 다슬기와 맑은 물을 꼭 필요로 한다. 산업사회에서 반딧불이는 하천 오염으로 인해 청정 이미지를 연상케 하는 곤충이다. 하천을 살리려 반딧불이 축제를 개최하는 지자체도 꽤 있으며, 여러 지역에서 반딧불이 보전 운동을 열심히 펼치고 있다. 개똥벌레라고도 하는데, 바른 우리말 이름은 반딧불이이다.

기타큐슈 시는 반딧불이 도시로 유명하다. 일본의 지자체 7곳과 '반딧불이정상회의'를 매년 개최하여 시민들에게 반딧불이의 중요성을 알리고 있다. 2002년 설립된 '기타큐슈반딧불이관'은 시민들에게 반딧불이 교육을 전담하고 있는 시설로 일본에서 유명하다. 이 시설의 나가오 관장은 반딧불이에 대한 애정으로 가득찬 이로, 개관 이후부터 줄곧 한자리를 지키고 있다. 2003년에도 이곳에 들러서 만났던 기억을 전했더니 더욱 반가워하며 한국의 반딧불이 관련 단체와의 교류에 대해서도 이야기보따리를 풀어놓았다.

시민 참여로 반딧불이를 지키다

"기타큐슈반딧불이관은 2001년 설립되어 시민들에게 반딧불이 보전과 교육, 홍보를 하고 있어요. 2007년 12월까지 10만 명이 넘는 관람객들이 찾은, 기타큐슈 시에서는 유명한 시설입니다."

기타큐슈반딧불이관은 2002년부터 시민들과 학생들을 대상으로 '반딧불이학교'를 운영하여 반딧불이 사육을 지도하고 있다. 반딧불이 연구회와 시청의 반딧불이계 직원과 전문가는 물론 시민들의 자발적 모임인 '반딧불이연구회'가 '반딧불이 어드바이저' 활동을 하며 반딧불이 교육과 상담에서 제 역할을 하고 있었다.

기타큐슈반딧불이관은 전시실, 연구실, 계단 전시 코너, 연수실, 반딧불이 수조 등으로 구성되어 있다. 반딧불이 연구실에는 4미터의 대

기타큐슈반딧불이관 전경, 나가오 관장

형 수조에서 애반딧불이와 겐지반딧불이, 다슬기, 송사리가 살고 있고, 실험 수로에는 송사리와 반딧불이 유충이 자연 하천과 같은 환경에서 살고 있다. 현미경을 이용하여 관찰이나 촬영도 할 수 있다.

나가오 관장은 반딧불이관의 여러 곳을 직접 안내하면서 반딧불이에 대한 애정 넘치는 이야기를 하나둘씩 차분하게 들려주었다. 반딧불이 보전을 위한 시청의 역할을 물으니, 1992년 건설국 하천부에 반딧불이계를 설치하여 담당 공무원이 반딧불이 서식처와 반딧불이 보전을 위해 일을 하고 있다고 했다.

첫째, '반딧불이기금'으로 보호 단체를 지원한다. 둘째, '반딧불이회의'를 개최한다. 학교, 지역사회, 관계 부처가 모여 정보 교환을 하는 회의이다. 셋째, 반딧불이 어드바이저를 현지에 파견해, 반딧불이의 사육과 하천 환경에 대해 조언해 준다. 넷째, 반딧불이 생태 지도, 반딧불이 안내서, 어린이 교재 등 반딧불이 관련 출판물을 만든다. 다섯째, 다양한 정보를 교환하는 장을 마련하기 위해 '국제반딧불이심포지엄'을 개최한다. 마지막으로 매월 1회 시민을 대상으로 반딧불이 강좌를 펼친다. 시민과 함께 실천하는 사업 중 가장 대표적인 사업으로는,

기타큐슈 시 차원에서는 매년 6월 첫째 주에 시민과 공무원이 함께 참여하여 70개 하천에서 반딧불이를 조사하는 것이다.

기타큐슈 시는 국내외 네트워크 만들기에도 힘을 쏟고 있다. 가장 대표적인 사업이 '반딧불이정상회의'이다. 1989년부터 환경성과 함께 7개 지자체 단체장들이 모여 반딧불이 보호와 반딧불이를 통한 관광, 경제, 문화 교류 등을 촉진하고, 활력 있는 고향 만들기를 전국에 알리기 위해 개최한다. 이 회의를 하면서 에코 투어와 관광, 시민 실천 사례 등에 관한 크고 작은 심포지엄을 연다. 몇 해 전 방문한 숲과 바람의 학교로 유명한 이와테 현의 구즈마키 마을에서는, '바람정상회의'를 개최하여 자연에너지에 대한 깊이 있는 연구를 보여 줌으로써 주민들의 지속적인 관심을 불러일으키는 모습을 보았으며, 도쿄의 네리마 구에서는 '녹색커튼정상회의'를 주관하는 모습을 보았다. 자연과 환경에 관한 다양한 주제로 도시 간 네트워크를 만드는 모습에서 지자체끼리 연계하여 지속 가능한 사회로 바람직하게 발전할 수 있는 접점을 찾을 수 있지 않을까 하는 생각이 들었다.

시민들은 어떤 역할을 하고 있는지 궁금했다.

겐지반딧불이 성충과 유충(왼쪽), 일본 반딧불이 생태 자료

기타큐슈반딧불이관 연구실 모습, 반딧불이 수조와 안내판

"우리 시에는 30개의 시민 단체와 동호회가 있습니다. 그중에서 기타큐슈반딧불이회가 회원 100명으로 가장 큰 단체이지요."

민관이 함께 협력하여 마을의 하천을 살리고 반딧불이가 찾아오게 만든 점 등 반딧불이를 보전하려는 노력이 다각도로 이루어지고 있는 것이 성공의 열쇠가 되지 않았나 싶다.

사야카타니초등학교의 반딧불이관

반딧불이를 오랫동안 사육하고 있는 사야카타니초등학교를 방문하였다. 이 학교는 반딧불이를 1983년 사육하기 시작해서 현재까지 반딧불이관을 운영하고 있었다. 반딧불이관 건물은 학교 창고를 개조해서 만든 허술해 보이는 모습이었지만, 세상에서 가장 아름다운 생태박물관이었다. 이 학교의 반딧불이관을 관리하는 히데키 씨는 28년 동안 자원봉사로 이 일을 맡고 있다고 해서 놀라웠다. 반딧불이관을 관리하면서 어려운 점은 없는지 물었다.

"1985년에 발포 스티로폼을 이용하여 다슬기를 사육하기 시작했어요. 물의 흐름이 약하고 2년 정도 햇빛도 잘 들지 않아 야외에서도 키워 봤는데 실패를 거듭했습니다. 1990년에 인공 사육으로 반딧불이 300마리를 번식하는 데 성공해서 교토통신을 통하여 해외에 소개되기까지 했습니다. 기타큐슈 라이온스 클럽의 지원을 받아 개수 공사를 하고, FRP(유리 섬유 보강 플라스틱) 소재로 시설을 교체하고, 수돗물을 순환시켜 더러워진 물에 여과 장치를 설치하면서 반딧불이 사육과 교육은 활기를 띠게 되었습니다. 여과 장치를 처음에는 스티로품을 사용했는데, 구멍이 막히는 현상이 발생해 면화 소재로 바꾸었어요. 이러한 여과 장치를 통해 수질이 효과적으로 좋아져서 교내 연못에도 사용하고 있습니다. 이런 결과로 학교 옆 계곡에도 반딧불이 유충이 많이 살게 되었습니다. 물을 정화하기 위하여 EM(유용한 미생물)을 사용하고 있습니다."

28년 동안 이 학교의 학생과 주민을 위해 반딧불이관을 가꿔 오고 있다니 대단했다. 복도와 교실에는 반딧불이에 관한 다양한 사연이 묻어나는 학생들의 작품과 글로 가득하였다. 지역 주민과 학교가 함께 협력해서 반딧불이를 오랜 기간 사육하는 것은 결코 쉬운 일은 아니지만 열정으로 해낸 결과였다.

사야카타니초등학교의 다테야스 교장 선생님이 반딧불이 실천 자료와 배치도를 나눠 주면서 설명했다.

"우리 학교의 학생은 305명이고 12개 학급으로 이루어졌어요. 기타큐슈 시에서는 환경 학습을 열심히 하는 학교로 소문이 났어요. 반딧불이 덕분에 '환경수도어린이정상회의'와 '반딧불이정상회의'에 참여하기도 했지요."

어린이들이 무척 좋아할 뿐만 아니라 자부심이 대단하다고 한다.

"우리 학교는 매년 6월이 되면 학부모와 학생이 모여서 반딧불이 관찰회를 열고 있습니다. 4학년을 중심으로 반딧불이 관찰과 연구가 진행되고 5·6학년에서는 반딧불이 위원회가 구성되어서 다슬기 잡아 주기, 다슬기 껍질 청소 등의 봉사 활동을 하고 있습니다. 매주 금요일에는 전 학년이 다 함께 쓰레기 줍기 등 학교 청소를 합니다."

반딧불이관 안에 보관된 오래된 교육 관련 자료와 사진 자료(생애 주기, 신문 자료 스크랩 등)를 보고 그 역사를 가늠할 수 있었다. 학교 건물 안에도 다양한 반딧불이에 관한 자료가 곳곳에 전시되어 있었다. 10년, 20년이 지나 색깔이 퇴색하여 세련되어 보이지는 않았지만, 이 학교 구성원들이 오랫동안 반딧불이와 함께 공존해 왔음을 피부로 느낄 수 있었다. 히데키 씨와 같은 지역 주민과 학교의 노력이 얼마나 중요한지를, 반딧불이관과 야외 연못의 맑은 물에서 자라는 다슬기와 반딧불이 유충들이 보여 주고 있었다.

기타큐슈 시는 환경학습과를 설치하여 환경 학습을 주도하고 있다. 초등학교 4학년생은 의무적으로 총합학습시간에 체험 학습으로 에코타운, 야마다녹지, 환경뮤지엄, 반딧불이관을 방문하고 있으며, 시 예산으로 강사와 차량도 지원한다. 우리나라 교육 현장에서도 최근 환경교육의 중요성이 점차 대두되고, 교육청과 학교에서 환경교육에 대한 다양한 실천이 앞다투어 쏟아지고 있다. 일회성에 그치지 않고 장기

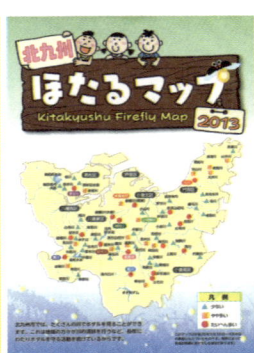

기타큐슈 반딧불이 지도

적인 환경교육 정책을 수립하여 체계적으로 환경교육이 이루어지기를 바란다.

시민들의 참여와 다양한 교육 활동이 없었다면 기타큐슈 시의 무라사키 강에 반딧불이가 다시 찾아온다 해도, 지금처럼 감동적이지 않았을 것이다. 시민들의 자발적 모임인 반딧불이연구회와 반딧불이학교 등과 같은, 시민사회에 대한 지원과 외형에 치우지지 않는 정책이 기타큐슈 시 환경교육의 성공 요인이 아닐까 하는 생각이 들었다.

시레토코고코의 제1 호수

홋카이도北海道 샤리斜里 군
곰과 사람이 공존하는 사회

에조불곰과 붉은여우가 사는 땅

홋카이도의 수의사 다케타쓰 미노루가 야생동물과의 만남에 대해서 기록해 놓은 《숲 속 수의사의 자연일기》를 보면, 1858년 5월 시레토코의 봄을 독수리, 바다사자, 바다표범이 떼를 지어 살고 있어 새벽이면 울음소리가 시끄러워 잠을 깨울 정도였다고 소개하고 있다. 홋카이도에서도 150년 전처럼 바위에 앉아 우는 바다표범의 모습을 보기 힘들어졌지만, 그래도 일본열도에서 가장 야생의 모습이 많이 남아 있는 곳이라며 그는 이렇게 얘기한다. "야생동물과 만나는 여행을 바라는 사람에게 홋카이도 동부만큼 멋진 곳은 없다." 이 책을 읽으면서 에조불곰과 붉은여우가 대자연이 꿈틀거리는 홋카이도의 숲과 초원 위를 뛰어다니는 모습을 마음속으로 상상하고는 했다.

홋카이도에 관심을 갖게 된 것은 여러 가지 측면이 있다. 먼저 홋카이도의 자연에 대한 관심이다. 홋카이도에 사는 에조불곰과 붉은여우가 자연 속에 뛰노는 모습을 만나 보고 싶다. 그동안 곰을 찾아 나선 여행에서 한 번도 곰을 만나지 못했지만, 시레토코 반도의 에조불곰은 꼭 보고 싶었다.

2002년 요세미티국립공원의 고산 지대에서 캠핑을 했을 때도, 곰의 똥은 원 없이 보았지만 아메리카흑곰과는 마주치지 못했다. 요세미티는 인디언 말로 '곰이다'라는 뜻인데, 사람들이 가져온 음식을 먹으려고 차량이나 숙소를 덮치는 일이 잦을 만큼 곰이 많은 곳이다.

캐나다 록키에는 곰 중에 제일 잔인하다는 회색곰이 살고 있다. 록키마운틴국립공원 지역에 있는 로프웨이를 타고 협곡을 건너는데, 그렇게 만나고 싶었던 회색곰이 멀리 아래 계곡에서 유유히 걸어가는 모습이 똑똑히 눈에 들어왔다. 그 녀석의 난폭한 성격이 생각나서인지 등골이 오싹하며 다리의 힘이 쭉 빠져 버렸다.

일본에는 의외로 곰이 많다. 일본열도 자연에서 1만 마리 이상의 곰이 서식하는 것으로 보고된다. 도쿄의 다마 지역에도 반달가슴곰이 종종 나타나고 있다. 곰을 찾아 나선 여러 가지 사연들을 안고, 또 한 번 시레토코의 에조불곰을 만나러 가고 싶었다.

둘째는 홋카이도의 문화에 대해서 알고 싶었다. 홋카이도는 원래 아이누족이 살았던 땅이다. '에조의 땅'이라고 불렸던 곳을 홋카이도라고 부르기 시작한 것은 1869년부터이다. 일본 중앙정부에게도 지리적 정치적으로 근대 전까지 가까운 곳이 아니었다. 본토에서 살고 있던 일본족(야마토 민족)이 홋카이도의 선주민인 아이누족을 쫓아내고 일본 영토로 만든 것은 백수십 년밖에 안 되었다. 예전에는 50만 명

시레토코국립공원 라우스비지터센터의 곰 박제

까지 이르렀다는 아이누족은 현재 홋카이도 인구 550만 명 중 2만 명 정도밖에 차지하지 않는다고 한다. 미국인들이 아메리카 대륙에서 인디언을 쫓아냈듯이, 일본인들은 홋카이도에서 아이누족을 몰아냈다. 일본은 아시아를 침략한 것처럼 류쿠국(오키나와)과 홋카이도를 개척이라는 미명 아래 침략하여 일본에 편입시켰다.

세 번째는 일본어를 배우면서 보았던 낯익은 홋카이도의 풍경과 도시들을 만나고 싶었다. 일본어를 배우면 제일 먼저 빠져드는 것이 일본 영화와 드라마이다. 그중에서도 〈러브레터〉의 주인공 와타나베 히로코가 "오겡키데스까(잘 지내시지요)"라고 소리치던 덴구 산 언덕과 유리 공예를 하던 공방 주변의 오타루 운하도 가 보고 싶었다. 그리고 시골 간이역 철도원의 잔잔한 삶의 감동을 주었던 영화 〈철도원〉의 배경인 철길도 걷고 싶었다.

6개의 국립공원, 5개의 국정공원國定公園(각 지방자치단체가 관리하는 공원), 12개의 람사르습지가 몰려 있는 홋카이도는 분명 매력적인 땅임에 틀림없었다. 여행 계획을 잡으면서, 한 번에 곰을 볼 수 없다는 것을 알고 긴 시간 천천히 둘러봐야겠다고 마음먹었다.

하지만 거리상 도쿄에서 서울보다 더 먼 곳이 홋카이도이다. 홋카이도는 남한 면적의 80퍼센트 정도 되는 제법 넓은 지역이라 홋카이도 내에서도 항공 편이 아니면 삿포로에서 시레토코국립공원이 있는 동부 지역은 당일 일정으로 다녀오기 어려웠다.

아이누족 마을 입구

홋카이도 붉은여우

시레토코와의 만남

홋카이도를 네 번째 방문했을 때에야 비로소 시레토코에 가 볼 수 있었다. 시레토코의 지명에는 홋카이도의 원주민인 아이누족의 언어 흔적이 많이 남아 있었다. 시레토코는 아이누어로 '시레-토크', 대지가 끝나는 곳이라는 뜻이다. 오호츠크해밖에 보이지 않는 땅이라서 그렇게 불렸을 것이다. 이 땅에는 지금도 원시림의 자연이 짙게 남겨진, 아이누어로 '카무이(산의 신)'라고 일컫는 산에 에조불곰과 홋카이도 수리부엉이가 서식하고 있다. 세계유산으로 지정되어 있는 시레토코 반도는 야생 에조불곰이 300여 마리가 살고 있다. 에조불곰은 북아메리카와 유라시아 등에 넓게 분포하는 불곰의 아종으로, 일본에서 가장 큰 육상동물이다. 수컷의 행동 범위는 수백 제곱킬로미터에 이른다. 먼발치에서라도 에조불곰을 만날 수 있을까?

시레토코는 위도가 44도인 북녘의 땅이어서, 한여름이지만 선선하고 여행하기에 날씨가 적당했다. 이런 날씨 때문에 홋카이도는 일본 사람들이 가장 좋아하는 여름 피서지이다. 시레토코의 관문인 샤리 군을 거쳐 우토로 휴게소에서 잠시 휴식을 즐긴 후 시레토코국립공원의 중심부인 시레토코고코로 향하였다. 아름다운 해안의 모습에 눈이 맑아졌다. 주변의 기념품 상점들에는 온통 곰과 관련된 기념품 일색이다. 곰의 고장다운 모습이었다. 이곳도 개발로 몸살을 앓고 있어 곰과 같은 야생동물이 점점 살기 어려운 환경이 되었지만, 주민들이 실생활에서는 곰을 이용하여 돈벌이에 나서는 것이 아이러니하다.

시레토코 반도는 홋카이도 동쪽에 오호츠크해로 길게 뻗은 길이 70킬로미터, 중앙부 폭이 25킬로미터인 반도이다. 계곡과 숲, 고산지대의 해안이 풍요롭게 펼쳐져 있다. 시레토코고코는 이름 그대로 5개의 호수로 이뤄져 있다. 입구의 필드 하우스에서 시작하는 탐방 코스는 2개로 나뉜다. 일반적인 코스는 800미터의 나무 다리를 통해 제1호수까지 둘러보는 길이다. 높이 2~5미터에 이르는 나무 다리를 통해 러시아로 이어지는 오호츠크해와 시레토코의 산봉우리들이 눈앞에 보였다. 혹시 있을지 모르는 에조불곰의 출현에 대비해 나무 다리 양쪽으로는 고압 전기 철책이 둘려 있었다. 여름철이라서 곰이 출현하는 것에 대비해 일부 구간은 탐방할 수 없었다. 나무 다리 아래에는 사슴들이 풀을 뜯는 모습이 보였다. 지상 목도를 통해 호수 주변을 돌아보았다. 혹시라도 곰이 나타날 것에 대비해 각종 주의 사항을 읽고 호수 주변을 둘러보았다. 1시간 정도 호수를 둘러보았지만 에조불곰은 만날 수 없었다. 그래도 원시림의 자연에서 뿜어내는 숲의 향이 무척 좋

시레토코고코의 나무 다리 아래서 풀을 뜯는 사슴

나무 다리를 걸으며 둘러볼 수 있는 시레토코국립공원

왔고, 호수의 물빛이 록키의 에메랄드 빛깔 호수처럼 아름다웠다.

이곳의 에조불곰의 개체 수는 1900년대 들어서 무분별한 포획으로 인하여 급감하였다. 1964년 시레토코 지역이 국립공원으로 지정되었지만 야생동물은 여전히 각종 개발로 인하여 위협받고 있다. 시레토코국립공원 복원 과정에서 주민과 해당 지자체가 함께 만든 시레토코재단이 벌인 '1인당 100제곱미터 숲 살리기'와 '8천 엔 기부' 운동을 통하여 시레토코는 2005년 유네스코로부터 세계유산으로 등재되었다. 현재까지 시민 6만여 명이 참여하여 5억 엔의 예산을 확보했고, 국립공원 내 사유지를 매입해 시레토코를 지켜 냈다.

시레토코가 세계유산으로 등재되게 된 이유는 무엇일까? 먼저, 해양생태계와 육상생태계의 상호작용을 볼 수 있는 좋은 사례이기 때문이다. 시레토코는 유빙이 내려오는 해안으로는 북반구에서 최남단에 위치하고 있다. 그리고 시레토코는 홋카이도 수리부엉이와 에조불곰, 시레토코제비꽃과 같은 멸종 위기 동식물이 서식하고, 연어와 바다사자, 고래 등과 같은 해양생물이 살아가는 데 중요한 해역을 포함하고 있기 때문이다.

시레토코고코에서 에조불곰을 보지 못하고, 며칠 뒤 우토로에서 관광선을 타고 바다에서 반도를 감상할 기회를 가졌다. 다소 비쌌지만, 시레토코의 웅장한 규모와 수많은 절경을 관람할 수 있었다. 운이 좋으면 어부들이 버리고 간 물고기를 먹으러 해안가에 오는 곰도 만날 수 있다고 한다.

오호츠크해에서 부는 바람에 따라서 수시로 날씨가 바뀌는 바다이다. 처음에는 운무로 흐린 날씨라서 걱정을 했는데 순식간에 날씨가 개고 구름이 걷히면서 드러난 1200미터의 시레토코도게의 봉우리가 우리를 반긴다. 관광선은 세계에서 온 관광객들로 북쩍거렸다. 사람들이 시레토코의 경치를 담아 가기 위해 카메라 셔터를 부지런히 누른다. 한참을 달리니 힘차게 바다를 향해서 흘러내리는 가무이와카 폭포의 모습도 보였다. 시레토코고코에서 내려오는 물줄기였다. 어느새 배가 선착장으로 돌아왔다. 또 곰을 보지는 못했다.

곰과 사람이 공존하는 사회

곰에 대한 유년 시절 기억이 있다. 1983년 5월 뉴스에서 반달가슴곰의 죽음에 관한 소식을 전하였다. 같이 시청하던 가족들과 탄식하며 안타까워했다.

"정말 곰이 설악산에 살아 있었구나!"

"곰 눈에서 흐르는 것이 눈물인 것 같아. 아이고, 불쌍해라."

설악산 마등령에서 우리나라 마지막 야생 곰이 밀렵꾼에 의해 처참하게 죽은 모습은 이날 톱뉴스로 전달되며 많은 시민들을 슬픔에 잠기게 하였다.

그 이후로 곰을 보았다는 제보는 몇 차례 있었지만 공식적으로 확인된 적은 없다. 그리고 약 20년 뒤 국립공원관리공단은 곰 복원 프로젝트를 시행하면서, 러시아에서 들여온 반달가슴곰을 지리산에 방사하기 위해 현지 적응을 준비하고 있었다. '자연으로 돌아간 반달가슴곰'이라는 방송을 통해도 일반인들에게 널리 알려졌다.

반가운 소식은 2004년 지리산에 방사한 반달가슴곰이 올해에도 5마리 출산에 성공했다는 것이다. 이제 지리산 반달곰 숫자는 37마리가 됐다. 이 중 24마리가 지리산 야생에서 태어났다. 곰이 앞으로 지리산에서 잘 버티어서 다른 산에서도 살기를 바랄 뿐이다.

독일의 논픽션 작가 베른트 브루너는 《곰과 인간의 역사》에서 곰과 인간은 세상에서 가장 오래된 애증 관계라고 말한다. 따라서 곰을 대하는 모순적 태도는 비단 일부 나라에만 국한된 것이 아니라 전 세계적으로 찾아볼 수 있다. 우리나라 또한 테디 베어, 곰돌이 푸, 쿵후 팬더 등과 같이 곰과 친구처럼 지내는 문화에 익숙하지만, 곰의 쓸개(웅담)를 먹으러 가는 보신 관광으로 괴롭히기까지 한다. 단군신화로 곰은 받들어 모시는 숭배의 대상이었지만, 서식지가 파괴되고 무분별하게 밀렵하면서 우리 땅에서 멸종되고야 말았다.

한국이 반달가슴곰, 산양 등과 같은 대형 포유류가 멸종 위기에 처해 있는 것에 반해, 일본의 에조불곰은 약 2천 마리, 반달가슴곰은 약 8천 마리가 서식한다고 추정하고 있다. 특별 천연기념물로 지정된 일본산양은 약 10만 마리가 서식하고 있는 것으로 전해진다.

도쿄와 같은 대도시에서도 1년에 몇 번씩 곰이 출현하는 경우가 있다고 하니 우리나라보다 개체 수에서 월등히 앞서고 있다. 하지만 일본 서부에서는 곰이 멸종에 가까운 위기에 처해 있다는 전문가들의 발표가 있었다. 1960년경부터 대규모로 너도밤나무, 밤나무 등의 활엽수를 벌채하고, 삼목, 노송나무를 새로 심는 조림 정책이 시행되면서 이러한 결과를 낳은 것이다. 너도밤나무, 밤나무에서 곰의 먹이가 되는 열매를 얻을 수 없고 동면하는 장소도 점차 줄어들어 위기 상황이라고 볼 수 있다.

 요세미티 여행에서도 곰에 대한 신화와 전설을 들으며, 언젠가 지리산 기슭에서 반달가슴곰과 만나 함께 산행을 할 수 있을까 하는 상상을 하고는 하였다. 시레토코 자연유산을 답사하고 살펴보면서 여러 가지 생각이 들었다. 지리산이나 설악산은 시레토코만큼 아름답고 중요한 생물자원이 다양하다. 만약에 설악산에 시레토코처럼 곰이 300마리가 서식한다면 자연유산으로 등재되는 길이 더욱 빠르지 않을까?

 국제자연보호연맹IUCN이 최근에 발표한 보고서에 따르면, 현재까지 확인된 종 가운데 1만 6천 종 이상이 멸종 위기에 처해 있다고 한다. 이미 멸종한 종의 수는 약 800종으로 늘어났고, 65종은 야생에서는 볼 수 없고 사육이나 재배되는 상태로만 남아 있다고 한다.

 우리나라 정부도 2012년 제주도에서 개최된 제5차 세계자연보전총회WCC에 발맞추어 2011년 12월 '국가적색목록위원회'를 구성하고 포유류, 관속식물 등 5개 분류 군의 '적색 목록Red List'을 제작 배포했다.

시레토코에서 발견한 곰 발자국

현재 세계 109개 국가에서 적색 목록을 담은 적색 자료집을 발간하고 있으며, 우리나라에서는 조류, 양서파충류, 어류 등 3권을 발간했다.

 곰과 사람이 공존하는 자연을 만들고자 우리는 많은 노력을 들이고 있다. 불과 몇십 년 전만 해도 곰은 우리 산에서 쉽게 볼 수 있는 친근한 존재였는데, 포획되거나 서식지가 파괴되면서 이렇게 멸종의 길을 가게 되었다. 곰과 마찬가지로 다른 야생동물도 자동차에 치여 죽고, 서식지를 점점 빼앗기고 있어 우리 주변에서 영영 사라질지도 모른다. 하루빨리 곰과 사람이 공존하는 사회를 위해 더욱 많은 사람들이 관심을 가지길, 곰이 우리 산에 다시 찾아오기 바란다.

환경교육,
아이들 손으로

❶ 가고시마 현 이즈미 시
　그 들판에서
　두루미는 아이들과 속삭인다

❷ 시마네 현 마쓰에 시
　청소년이 살린 습지

❸ 도쿄 도 이타바시 구
　녹색커튼으로
　지구를 시원하게

❹ 지바 현 지바 시
　전통과 상상의 '생명의 숲',
　비오톱

❺ 이시카와 현 가나자와 시
　45년을 이어 온
　제비 조사 활동

이즈미 평야에서 먹이를 먹는 두루미들 ⓒ 김경철

가고시마鹿兒島 현 이즈미出水 시
그 들판에서 두루미는 아이들과 속삭인다

노비노비(쭉쭉) 교육상

뚜르륵, 뚜르륵……. 아직도 이즈미 평야를 날아오르는 그날의 두루미 울음소리가 들리는 듯하다. 며칠 전, 매년 같은 시기에 순천만을 찾는 흑두루미가 올해 처음으로 관찰되었다는 소식을 들었다. 매년 증가되는 추세라니 여간 다행이 아니다.

이즈미 시가 겨울의 진객 두루미로 유명한 것은 알았지만, 이즈미 시 쇼중학교의 실천 소식은 2009년 가을 발표된 아사히신문의 '노비노비 교육상' 수상 관련 뉴스를 통해서 알게 되었다. '노비노비 교육상'은 지역과 연계하여 적극적으로 교육을 실천하거나 지역사회와 학부모가 지속적으로 벌이고 있는 교육 활동을 칭찬하기 위해 아사히신문사에서 1999년에 제정한 상이다. 신문 기사를 읽고 이즈미 쇼중학교에 전화를 걸었다.

"여보세요. 이즈미 쇼중학교의 노비노비 교육상 기사를 읽었는데 방문해도 괜찮을까요?"

"반갑습니다. 보여 드릴 것이 많지는 않지만 환영합니다."

이즈미 쇼중학교의 교감 선생님과 통화한 후 얼마 뒤에 이즈미 시를 방문하였다.

이즈미 시의 두루미 사랑

가고시마 현의 이즈미 시에는 두루미를 보기 위해 많은 관광객이 방문한다. 이즈미 평야로 새벽녘 두루미가 날아오는 시간에 서비스로 탐조 가이드를 해주는 호텔도 있다. 호텔 직원은 이즈미 시와 두루미에 대해서 해박한 지식을 가지고 있다. 탐조 가이드는 원래 1시간 정도에 끝나야 하는데 우리 일행이 두루미에 대해서 많은 관심을 보이니 2시간 가까이 안내해 주었다.

뚜르륵, 뚜르륵……. 여명이 밝아 오는 바다 쪽을 바라보고 이즈미 평야 농로에 차를 정차하였는데, 두루미들의 울음소리가 들려왔다. 처음에는 한두 마리씩 날아오르더니 차차 무리를 지어 날기 시작하였다. 끝없이 펼쳐지는 두루미들의 날갯짓에 하늘은 온통 까맣게 물들었다. 서산 천수만에서 새벽녘에 수천의 오리, 기러기 떼를 보았을 때의 감동 그 이상이었다. 두루미가 수천 마리씩 기상하여 날아오르는 모습을 보는 것은 처음이었다.

두루미 탐조가 끝나고 '두루미전망대'로 향했다. '세계 제일의 두루

이즈미 시 하늘을 나는 흑두루미 ⓒ 김경철

미 도래지 이즈미 시'라는 안내판과 흑두루미들이 서 있는 동상이 보였다. 그 뒤로 2층 높이의 나지막한 두루미전망대가 보였다. 두루미전망대 망원경으로 맛있게 아침을 먹고 있는 두루미를 자세하게 관찰할 수 있었다. 두루미전망대에는 두루미의 일생, 두루미 알, 다른 나라의 두루미와 일본에 오는 두루미에 관한 안내판도 전시되어 있었다.

지속적으로 펼친 두루미클럽 활동

두루미전망대 견학을 마치고, '두루미클럽' 활동으로 유명한 쇼중학교에 갔다. 쇼중학교의 교장, 교감 선생님은 우리 일행을 교문까지 나와 맞이해 주었다. 이즈미 시 쇼중학교는 자그마한 시골 학교 풍경을 간직하고 있었다. 교무실과 학교 복도를 지나치는데 온통 두루미에 대한 게시물이 가득했다. 설명을 듣기 위해 '두루미학습관'이라는 곳으로 안내를 받았다. 벽면은 두루미에 관한 자료와 아이들이 받은 상장, 트로피, 사진으로 가득했다. 이 공간은 두루미클럽이 환경상을 받은

두루미클럽 사례를 발표하는 쇼중학교 학생

상금으로 만든 강의실이다. 교장, 교감 선생님이 쇼중학교의 두루미클럽 활동을 소개해 주었다.

인구 5만인 이즈미 시의 이즈미 평야에는 한 해 두루미류가 1만 2천 마리가 넘게 찾아온다. 최근에는 두루미를 보기 위해 50만 명 이상의 관광객이 방문한다고 한다. 1950년에 293마리였던 것이 1975년 3649마리, 1996년 7955마리, 2014년에는 1만 4천 마리가 넘는 두루미가 이즈미시를 찾아왔다. 두루미 모이 주기와 서식지 보호 활동을 하면서 급속도로 늘어난 것이다. 두루미 모니터링을 50년째 하고 있는 쇼중학교는 전교생이 2015년 현재 23명이고 교직원이 11명인 작은 시골 중학교이다. 쇼중학교 학생과 교직원은 오랜 전통인 두루미클럽에 대해서 애정과 자부심이 많다. 학생뿐만 아니라, 교직원과 학부모까지 모두 힘을 합쳐 활동하고 있다.

두루미클럽은 어떻게 만들어졌을까?

두루미클럽이 만들어지게 된 계기는 1960년 두루미에 관심을 가진 중학생이 두루미 보호 감시원 지도 아래 자발적으로 두루미 조사를 시작하면서부터였다. 그 활동이 이어지다가 1966년에 두루미클럽이 창설되었다. 부원은 창립 당시에는 활동을 희망하는 학생을 모집했지만, 학생 수 감소로 인하여 현재 전교생이 참여하고 있다. 매년 11월에 전교생이 모여 발족식을 갖고, 다 함께 지속적으로 두루미 보호 활동을 펼치고 있다. 1966년에 시작했다니 벌써 50년간 활동을 하고 있는 것이다.

두루미클럽의 주요 활동은 두루미 개체 수 조사, 두루미 가족 구성·분산 조사, 교지 《두루미소리》 발간, 모리나가초등학교와의 교류,

이즈미 두루미전망대, 두루미박물관 전경, 두루미박물관 전시(위부터)

탐조 자원봉사 활동이다.

1만 마리가 넘는 두루미 조사는 체계적으로 이루어지고 있었다. 두루미 개체 수 조사 방법은 두루미의 습성을 이용하여 실시한다. 두루미는 밤에 물이 있는 쉼터에서 야간 휴식을 하고, 동틀 무렵이면 쉼터에서 날아와서 먹이를 먹는 습성을 가졌다. 이 점을 이용하여 인공적인 쉼터인 무논을 조성하고, 4개 모둠으로 나누어 4개 마을에서 겨울철에 두루미가 먹이를 먹으러 오는 장소의 경계선에 서서 오전 5시 30분부터 7시까지 숫자를 센다. 교사와 학생 혼합 팀 4개 모둠으로 나누어서 역할 분담을 하며 11월부터 1월까지 6회에 걸쳐 조사를 한다. 몇 가지 질문을 더 했다.

"두루미 가족 구성과 분산 조사는 어떻게 합니까?"

"9조로 나누어서 종류, 가족, 무리, 총수, 성조의 수, 유조의 수를 조사하지요. 지도 사용법과 이동 루트에 대한 사전 검토회를 갖고, 오전에 시작하여 오후에 끝냅니다."

"조사 활동 외에도 다른 두루미 보호 활동을 하나요?"

"두루미전망대에서 방문객들에게 두루미와 두루미클럽 활동, 두루미 조사에 대해서 설명합니다."

학교로부터 받은 교지에는 두루미에 대한 문학작품과 학생, 지역주민, 교사의 두루미 사랑이 고스란히 녹아 있었다. 쇼중학교 학생은 두루미클럽 활동을 통해서 지역사회 자연에 대한 아름다움을 느끼며, 야생동물 보호와 자연 사랑의 마음을 키우며 지역사회에 봉사할 수 있는 기회를 가지는 듯했다. 50년 동안 꾸준하게 두루미 보호 활동에 참여하여 두루미 보호 운동에 큰 힘이 되었다. 교사와 학생 간의 협동을 통해 국내외로부터 여러 차례 중요한 환경교육상을 받으며, 자부심을 키우며 교육 실천을 하고 있었다.

이즈미 시 쇼중학교를 나오면서 작은 관심에서 시작한 중학생의 두루미 보호 활동이 세계의 흑두루미 80퍼센트가 찾아오는 두루미 도시로 만드는 데 일조하고 있음을 느꼈다. 쇼중학교가 50년간 펼친 보호 활동이 없었다면 이런 결과는 나오지 않았을 것이다. 지속적인 관심과 열정이 두루미클럽의 가장 큰 성공 요인이라는 것을 알게 되었다.

인구 5만의 이즈미 시는 두루미 보호 활동과 시민 활동으로 국내외에서 유명하다. 특히 이즈미 시의 청소년들이 50년간 클럽 활동을 통

이즈미 시의 두루미 도래 개체 수 추이

연도	흑두루미	재두루미	검은목두루미	시베리아흰두루미	캐나다두루미	쇠재두루미	흑재두루미	합계
1950	265	28						293
1965	1,442	129	2					1,573
1975	2,867	781			1			3,649
1985	6,319	1,284	3				4	7,610
1990	7,833	2,120	2		1		3	9,959
1996	5,747	2,201	3	1			3	7,955
2004	9,432	2,397	2		3	1	3	11,839
2005	10,027	2,486	6		4		5	12,528
2006	9,530	1,991	5		3		3	11,532
2007	10,973	1,059	3		2		2	12,039
2008	10,383	1,632	5	1	6		1	12,028
2014	13,472	886	8	6	6			14,378

부산 교육청과 이즈미 시 쇼중학교 청소년 교류회

해서 지속적으로 모니터링 활동이 이어져 온 것은 감동 그 자체였다. 이즈미 시처럼 지역의 문화와 생태에 대해서 오랫동안 연구하고 실천하면 자연도 살리고 마을도 활성화되는 결과를 가져오게 된다. 한국의 철원군과 순천시도 두루미 도래지로서 두루미와 관련된 다양한 실천들을 펼치고 있다. 단순히 관광적인 측면이 아니라 지속 가능한 생태 도시로 나아가는 장기적인 전략을 세우는 데 더욱 힘을 모아야 할 것이다.

사카타 늪에서의 습지 체험

시마네島根 현 마쓰에松江 시
청소년이 살린 습지

람사르센터재팬과의 인연

2008년 초 전화 한 통을 받았다.
"저는 람사르센터재팬RCJ의 사무국장 나카무라 레이코입니다."
"안녕하세요. 잘 지내셨나요?"

얼마 전에도 어떤 모임에서 인사를 했고 이전에도 몇 번 얼굴을 본적이 있는 분이었다. 나카무라 레이코 사무국장은 다음 달에 돗토리 현에서 열리는 '국제청소년습지회의'에 참석할 수 있는지 물었다. 한국에서도 학생들이 온다고 했다. 이런 인연으로 2008년 2월 돗토리 현과 8월 니가타 현에서 열리는 '국제청소년습지회의'에 일원으로 참여하게 되었다. RCJ가 주최하는 행사에 참여하면서 국제청소년습지회의의 진행 기술과 분위기를 익힐 수 있었다.

2009년 가을, RCJ의 활동에 대해서 구체적으로 이야기를 들어 보고 싶은 마음에 연락했더니 나카무라 사무국장은 흔쾌히 좋다고 했다. 며칠 뒤 RCJ 사무실로 향하였다. 사무실은 도쿄 도 오타 구에 있는 구가하라 역 근처 평범한 주택가 사이에 있다고 했다. 역전에서 10분 정도 거리인데, 겉보기에도 꽤 오래된 일반 목조 주택에 RCJ 사무실이 있었다.

이 단체를 설립하고 실질적인 대표 역할을 하는 나카무라 레이코 사무국장이 반갑게 맞아 주었다. 주택에 사무실을 두게 된 사연을 물으니, 나카무라 사무국장이 초등학교 때부터 살던 집이라면서, 2층을 사무실로 쓰고 있다고 했다. 10평 남짓한 공간은 금세 쓰러질 것처럼 빽빽이 각종 서류와 자료가 들어차 있었다. 이 일을 시작하게 된 계기를 물으니, 자신의 젊은 시절부터 이야기를 꺼냈다. 대학 졸업 후 일반 회사를 다니던 생활을 접고, 홋카이도에서 조류 조사 자원봉사를 하며 습지 운동에 본격적으로 참여하게 되었다고 한다. 그 인연으로 일본야조회가 발행하는 잡지 《야조》의 편집장을 하게 되었고, 몇 년 뒤인 1993년 구시로에서 람사르협약당사국총회가 개최되면서 1990년에 주변 분들과 함께 RCJ를 창립했다고 한다.

RCJ의 주요 멤버들은 일본과 아시아의 자연·사회과학자, 습지 전문가, 미디어 관계자 등이다. 창립할 당시만 하더라도 아직 일본이 습지에 대한 이해가 낮아서 힘들었다고 한다.

"습지는 하천·연못·늪과 같이 습한 땅을 말하는데, 자연적인 환경에 의해 항상 수분이 유지되고 있는 자연 자원의 보고이지요. 습지 보전은 환경보호와 관련하여 무척 중요한 의미를 갖고 있습니다. 보통 사람들은 습지를 죽은 땅, 버려진 땅이라고 이야기하는 경우가 많아서 안타까웠어요."

RCJ는 주로 물새와 습지의 보호에 관한 람사르협약의 기본 이념인 '보전'과 '현명한 이용'을 실현하는 것을 목표로, 특히 습지와 인간의 관계에 대해서 조사 연구하고 이를 시민들에게 보급하는 활동을 하고 있다. 내가 RCJ에 대해 본격적으로 관심을 갖기 시작한 것은 이 단체에서 주최하는 국제청소년습지회의 때문이다. 어떻게 개최하게 되었는지 그 동기가 궁금했다.

"국제청소년습지회의는 '한·중·일 청소년 습지 교류'가 출발점이었습니다. 2003년 1월 야쓰갯벌자연관찰센터에서는 나라시노 시와 야쓰미나미초등학교의 협력으로 한·중·일 청소년 습지 교류 행사를 개최하기로 하고, 한국과 중국의 청소년들을 야쓰 갯벌로 초대하였습니다. 청소년들은 각국의 습지에 관한 글과 그림을 전시하고, 자기 나라의 습지 활동을 발표하며 서로 의견을 나누었고요. 그 후 3개국 청소년들은 3개 국어로 〈한·중·일 청소년 습지 신문〉을 펴내기도 했지요."

국제청소년습지회의 자료, 일본 람사르협약습지 안내서

한·중·일 청소년 습지 교류 행사는 일회성에 그치지 않고 해를 거듭할수록 많은 사람들의 관심을 받으며 치러지고 있다. 2004년에는 한국의 우포, 2005년에는 중국에서 개최되는 등 3개국을 넘나들며 회의가 열렸다. 이 회의를 주관한 RCJ는 청소년을 직접 인솔하며 습지나 물새 정보를 교환하고 공유함으로써, 앞으로 우리의 미래를 책임져야 할 청소년이 스스로 환경에 대한 문제를 인식하는 데에 힘을 보탰다.

"한·중·일은 문화적, 역사적으로 서로 많은 공통점을 가지고 있는 이웃 국가이지요. 함께 협력하여 환경문제를 청소년의 시각에서 해결해 나가는 것이 중요하다는 것을 몸소 깨닫게 되었습니다. 다른 나라 청소년의 활동을 보면서 습지 보전 활동을 계속해 나갈 수 있는 동기가 부여되었지요."

한·중·일 청소년 습지 교류가 어떻게 국제청소년습지회의로 발전을 하게 되었는지 물었다.

"한·중·일 청소년 습지 교류를 기반으로 RCJ는 3개국 청소년을 주축으로 2005년도 우간다 캄팔라에서 열린 제9차 람사르협약당사국총회에서 국제청소년습지회의를 처음으로 개최했지요. 2008년 창원에서 열린 제10차 람사르협약 당사국총회에서도 국제청소년습지회의가 이어졌고요."

나카무라 사무국장은 2005년 우간다 람사르협약당사국총회에서 국제청소년습지회의 개최와 같은 습지 교육에 대한 공로를 국제사회로부터 인정받아 람사르상 교육 부문 수상자로 선정되었다.

경상남도에서는 2008년 이후 정기적으로 '청소년모의람사르회의'가 열리고 있고, 주제가 '습지 보호'와 '지속 가능한 이용'이라는 점에서도 그 의미가 깊다고 할 수 있다.

　일본에서 열린 국제청소년습지회의에는 세계 각국의 청소년들이 참여하여, 2008년 창원 람사르협약당사국총회에 맞춰 각국의 습지를 보고하고 문제점에 대해서 의논했다. 지역사회와 환경문제에 대하여 진지하게 토론하고 결론을 모아 나가는 과정이 자칫 지루할 수 있는데도, 청소년들은 전문가들과 RCJ의 지원으로 언어적인 장벽을 뚫고 피부로 환경문제를 느끼고 해결점을 찾아 나갔다.

청소년의 힘으로 만들어 낸 국제청소년습지회의

　2008년 2월에 개최된 국제청소년습지회의는 돗토리 현과 시마네 현 공동 후원으로 열렸다. 두 지방자치단체는 동해를 사이에 두고 독도 문제로 갈등을 겪고 있는 곳이기도 하다.

　돗토리 현과 시마네 현은 신칸센이 다니지 않아 교통이 좋지 않은 지역이고, 점차 산업 인구가 감소하여 위축되어 가고 있다. 돗토리 현에는 나카우미 호, 시마네 현에는 신지 호가 람사르습지로 지정되어 있다. 나카우미 호는 일본에서 다섯 번째로 큰 호수이고, 신지 호는 일곱 번째로 큰 호수이다. 두 개의 호수를 합치면 일본 최대의 기수역汽水域이 된다. 기수역이란 바닷물과 민물이 만나는 지역으로 염분의 비율이 담수와 해수의 사이에 있는 곳을 말한다. 두 호수는 하이카와 강을 비롯해 많은 강으로부터 담수가 흘러들어, 예전에는 바다였던 곳에 모래톱이 쌓이면서 호수가 된 석호潟湖이다. 면적은 넓지만 평균

수심은 나카우미 호가 5.4미터이고, 신지 호가 4.5미터로 면적에 비해 매우 얕은 호수이다.

국제청소년습지회의가 열리는 신지코 호텔 회의장은 33개 지역에서 모인 일본 청소년, 한국과 중국에서 초대받아 온 100여 명의 학생과 인솔자로 열기가 가득하였다. 국제청소년습지회의는 각 지역의 습지센터·NGO·지자체와 함께 자신의 지역을 모니터링한 초등학교 고학년부터 고등학생까지 학생들이 참여하는데, 습지 생태계와 생물 관찰, 현지 전문가와의 학습, 자기 지역의 습지 보고, 습지 보전과 현명한 이용을 위한 토론 등으로 이루어진다. 이 프로그램이 끝날 때쯤이면 '청소년들이 생각하는 습지에 관한 메시지'를 토론을 통해서 완성하고 이를 지자체에 전달한다.

첫째 날에는 자기 고장의 습지에 대해서 3분간 발표하는 시간을 가졌다. 각각의 습지와 생물과 환경 보전 활동에 대해서 사진이나 그림을 사용해서 발표를 하는데, 다른 지역 사례 발표에 진지하게 귀를 기울이고 각 지역 습지의 특색과 고유 생물에 대해서 배울 수 있는 기회였다. 전국에서 펼치고 있는 환경 보전 활동에 서로 감동하고 자기 지

국제청소년습지회의 발표 모습

역의 습지를 다시 한 번 뒤돌아볼 수 있었다.

"저희들이 사는 시가 현은 일본 제일의 호수인 비와 호가 중심에 있는 곳입니다. 아름다운 자연경관과 함께 풍부한 물 자원을 가진 지역이지요. 우리 학교에서는 토요일마다 비와 호와 관련된 학습을 하고 있습니다."

"저희들은 일본에서 다섯 번째로 큰 호수인 나카우미 호가 있는 돗토리 현에서 온 요나고람사르클럽입니다. 우리들의 경험을 더욱 많은 청소년들과 공유하고, 습지 보전을 위해 계속 활동하고 싶습니다."

청소년들은 자기 지역의 습지에 대한 애정이 많았다. 국제청소년습지회의에 참가한 청소년의 발언은 우리의 예상을 뛰어넘을 만큼 전문적이면서도 진지했다. 이런 청소년의 모습에서 미래가 밝을 것이라는 희망을 보는 것은 정말 기쁜 일이다.

둘째 날은 나카우미 호에 있는 요나고물새공원에 가서 물새를 탐조하고, 신지 호를 어민들과 함께 견학했다. 신지 호는 일본 재첩 생산량의 42퍼센트를 차지할 정도로 재첩이 유명하다. 신지 호에서는 어민 300여 명이 아직도 전통적인 어로 방식으로 재첩을 채취하고 있다. 기수역 생태계의 산물인 재첩잡이를 청소년들이 직접 해 보면서 습지의 중요성을 다시금 느낄 수 있었다.

오후에는 10명씩 그룹을 나누어 이번 대회의 메시지를 만들기 위해 토론을 했다. 각자가 생각한 메시지를 내놓고 활발히 토론을 하고, 그룹별로 작성된 8개 메시지를 그룹 대표들이 정리한다.

셋째 날 오전 시간에는 전체가 모여 둘째 날에 완성된 각 그룹의 메시지를 바탕으로 청소년 전체가 활발한 논의를 한다. 이번 대회의

요나고물새공원 현장학습

메시지는 신지 호와 나카우미 호의 습지 현장을 돌아보면서 습지에 대한 중요성을 되새기고 다음과 같이 작성되었다.

생명의 근원 우리들의 습지, 우리들을 연결하는 생명의 바퀴

회의에 함께했던 시마네 현과 돗토리 현의 지사에게 메시지를 전달하며 행사를 마감하였다. 청소년의 습지에 대한 메시지를 전달받은 지사들은 청소년의 생각을 존중하며 행정을 펼칠 것을 약속하였다.
2008년 여름에 니가타 시에서 열린 국제청소년습지회의에서는 '습지가 있다. 생명이 있다. 우리가 연결시켜 보물이 된다'라는 메시지를

만들었다.

2008년 가을 창원에서 열린 람사르협약당사국총회에서는 국제청소년습지회의도 함께 진행되었다. 일본에서 온 청소년들은 일본에서 몇 회에 걸쳐서 작성한 습지 메시지를 전달하고 세계의 청소년들과 함께 세계의 습지 이야기를 함께 나누었다.

국제청소년습지회의를 통해서 느낀 중요한 것은 무엇보다도 우리 주변의 자연환경은 후손에게 물려줄 것이고 우리 모두의 것이기 때문에, 청소년의 이런 관심과 참여는 습지를 지키는 데 많은 도움이 될 것이다. 우리가 미처 관심을 갖지 못해 사라지거나 파괴되는 생물 종과 생태계가 시민들과 청소년의 적극적인 관심 속에 지켜지고 보호될 수 있다는 교훈을 얻었다. 행정과 지역 주민, 전문가는 미래 세대의 주역인 청소년과 지역의 환경문제를 함께 고민하고 나눠야 할 것이다.

신지호자연관을 방문한 참가자들

도쿄의 한 초등학교에 있는 녹색커튼

도쿄東京 도 이타바시板橋 구
녹색커튼으로 지구를 시원하게

녹색커튼은 무엇일까요?

 도쿄의 여름은 서울보다 습도와 기온이 높아 더욱 후덥지근하다. 도쿄의 도심을 걸어 다니다 보면 아스팔트도 녹여 버릴 듯한 기세에 숨이 턱 막히고, 사무실이나 출퇴근 전철 안도 에너지 절약으로 냉방을 제대로 하지 못한 날에는 찜통더위가 따로 없다. 집에 있는 날에는 창문을 활짝 열고 쉴 새 없이 부채질을 하고, 찬물에 발을 담그며 더위를 식히기 일쑤이다.

 대도시가 교외 지역보다 이렇게 더운 것은 인구가 많고 차량 통행도 많아서이다. 특히 도심부에는 건물과 교통수단에서 뿜어 대는 각종 열기로 한낮의 비닐하우스 안처럼 점점 기온이 올라간다. 그렇게 도심부의 기온이 그 주변의 교외부에 비교해서 고온을 나타내는 현상을 열섬 현상이라고 한다.

여름철 도쿄 시 이타바시 구의 공공건물과 개인 주택에는 창문이 보이지 않고 곳곳마다 벽면을 따라 덩굴식물을 키워서 건물에 녹색으로 커튼을 친 것 같은 모습을 쉽게 볼 수 있다. 이곳에서는 이렇게 벽면을 따라 덩굴식물을 키우는 운동을 '녹색커튼' 운동이라고 한다. 녹색커튼 운동은 벽면을 따라 덩굴식물을 키워 햇빛을 차단하여 기온을 낮추는 효과를 가져오는 생활 녹화운동이다.

일본에서 가장 먼저 녹색커튼 운동을 펼친 곳은 도쿄 도의 대표적인 환경 도시 이타바시 구이다. 일본에서 1990년 최초로 '에코폴리스 이타바시'라는 환경 도시 선언을 하고 '사람과 자연이 공생하는 마을 만들기'를 목표로 하고 있다.

녹색커튼은 오이나 수세미 등의 덩굴성 식물을 건물 외벽에 올려 만든 것인데, 건물의 온도와 햇빛을 막아 주는 역할을 하기 때문에 '커튼'이라는 이름이 붙었다. 덩굴성 식물이 창밖으로 자라서 천연 커튼 역할을 해 주고, 또한 식물의 잎이 증산작용을 해 주변 온도를 낮춰 주는 효과가 있다. 식물 안에 있는 수분이 수증기가 되어 밖으로 증발하면서 주변의 더운 공기를 뺏고 시원한 공기를 내뿜기 때문이다. 증산작용으로 나오는 시원한 기운이 실내 온도를 많이 낮춰 주기 때문에 에어컨을 틀 필요가 없고, 이로 인해 에너지가 절약되는 것은 물론 보기에도 그렇게 시원하고 예쁠 수가 없다.

건물 외벽에 녹색커튼을 만들자는 녹색커튼 운동은 이타바시 구 주민의 사랑과 관심을 받으며 이타바시 구 전체로 급속하게 퍼져 나가고 있다. 생활 속에서 쉽게 실천할 수 있으면서도 궁극적으로 지구온난화를 막을 수 있는 방법이기 때문이다. 이 운동이 계기가 되어서 일본에서는 매년 전국 녹색커튼 대회도 열리고, 주민을 대상으로 녹색커튼 콘테스트가 개최되고 있다. 이 녹색커튼 운동을 처음 시작한 곳은 이타바시 구의 한 초등학교이다.

몇 해 전 8월에 녹색커튼 운동을 알아보기 위해 직접 방문해 본 적이 있다. 이미 구청 청사는 덩굴식물로 녹색이 물결치고 있었다. 매년 이타바시 구청 청사에서는 시민에게 녹색커튼 운동을 홍보하기 위해 큰 그물을 치고 녹색커튼을 키운다. 매년 4월 20일 전후에서 구청 청사의 3층에서 8층까지의 벽면에 폭 20미터, 높이 26미터의 그물을 치고, 수세미와 여주 모종을 심는다고 한다. 시민들의 응원에 힘입어 9월 초가 되면 그물의 최상단인 26미터 높이까지 성장하는 것을 볼 수 있는데, 깊은 숲 속에서 거목을 발견했을 때처럼 덩굴식물로 뒤덮인 건물을 만났을 때도 감탄사가 절로 나온다.

구청에서 온도를 측정해 보니 7월 9일에 녹색커튼 바깥쪽이 41.5도를 나타내고, 커튼의 뒷면 온도는 29.5도로, 온도 차이가 12도가 난다는 놀라운 결과가 나왔다. 이타바시 구청은 에어컨 사용 절감으로 7~9월 3개월간 이산화탄소 9839킬로그램을 줄이는 효과를 보았다.

작은 학교에서 시작된 녹색커튼

이타바시 구는 환경 도시를 선포하고 에코폴리스라는 표현을 썼다. 에코폴리스는 에코Ecology(생태)와 폴리스Polis(도시)의 합성어로, 자연 생태계를 충분히 고려한 미래형 도시를 말한다. 도시를 한번 둘러보면 다양한 실천과 성과를 엿볼 수 있다. 1995년에 건립되어 일본 내에서 제일 앞서가는 구립 환경교육센터로 자리잡은 '이타바시에코폴리스센터'도 이곳에 있고, 30년째 도심에서 반딧불이를 사육하고 연구하는 '이타바시구립반딧불이생태환경관'도 이곳에 자리하고 있다. 하지만 이타바시 구를 환경 도시라고 부를 수 있는 가장 큰 이유는 이곳에 거주하는 많은 주민이 자연과 생태의 소중함을 함께 공감하며, 생활 속에서 실천하며 살고 있다는 점이다.

이타바시 구의 녹색커튼 운동은 2003년 이타바시 구립 이타바시제7초등학교의 6학년 담임이었던 구키모토 루리 선생님에 의해 처음 시작되었다. 구키모토 선생님은 집에서 에어컨을 사용하지 않고 더운 여름을 지내곤 하였다. 이러한 경험을 토대로 학습 프로그램으로 총합학습시간에 녹색커튼 수업을 하고 학생들과 실천에 옮겼다.

이타바시제7초등학교는 도쿄 도심의 이케부쿠로 지역에서 가까운 학교로, 교통량이 많고 녹지가 적은 지역이다. 녹색커튼 만들기 수업은 처음에 수세미 등 다섯 가지 식물로 시작하였는데, 냉해와 태풍의 영향으로 성공하지 못했다. 구키모토 선생님과 학생들은 포기하지 않고 실패 원인을 분석하며 자료를 수집해 나갔다.

다음 해인 2004년이 되자 구키모토 선생님과 6학년 학생은 작년 졸업생들의 경험을 바탕으로 다시 녹색커튼 만들기에 도전했다. 그 결과 여주와 수세미를 3층 높이 옥상까지 가꾸는 데 성공하였다. 수세미와 여주로 만든 천연 커튼의 안쪽과 바깥쪽의 온도는 확실히 다르다는 것을 체감할 수 있었고, 덩굴식물에서 시원한 바람이 일어 시원한 교실을 만들 수 있었다. 하루에 30센티미터씩 올라가고, 열매가

45센티미터보다 더 커 가는 모습에 아이들은 눈을 뗄 수 없었으며 학생들과 선생님은 큰 감동을 받았다. 이제 여주와 수세미는 어린이에게 단순한 식물이 아니라 친구가 되었다.

'힘내라! 수세미', '더 크게 자라 다오'라고 식물들에게 말을 걸고 기도를 하는 어린이들은 덩굴이 혹시라도 다른 곳으로 벗어나지 않도록 덩굴 줄기를 그물로 이끌어 주었다. 작은 실천이 생활에 큰 변화를 가져올 수 있다는 사실을 몸소 체험한 학생과 선생님은 곧 지역사회와 다른 학교에 이 프로그램을 알렸다.

2009년 여름 이타바시제7초등학교를 방문했을 때 다른 학교로 전근한 구키모토 선생님은 볼 수 없었지만, 아직도 변함없는 실천을 하고 있는 우에마쓰 미쓰카즈 교장 선생님을 만날 수 있었다. 녹색커튼을 통해서 어린이가 가장 크게 배우는 것은 땅과 태양의 소중함과 고

이타바시제7초등학교의 식물 가꾸기 수업

이타바시제7초등학교의 녹색커튼 수업_이타바시제7초등학교 제공

마음, 그리고 생명의 소중함이다. 녹색커튼 담당은 6학년 학생을 중심으로 이루어지고 있었는데, 다른 학년 아이들도 총합학습시간에 주제를 정하여 식물 가꾸기 수업을 하고 있었다. 각 학년이 다양한 식물을 가꾸는 수업을 하는데 1학년은 나팔꽃, 2학년은 방울토마토, 3학년은 오이, 4학년은 콩, 5학년은 벼, 6학년은 녹색커튼(수세미, 오이, 여주 등)이다.

마침 6학년 총합학습시간이어서 어린이들이 자신의 교실에 주렁주렁 달려 있는 수세미와 열매를 수확하는 모습을 참관할 수 있었다. 담임선생님은 덩굴식물의 열매 따기에 대한 설명을 하였다. 아이들은 저마다 가위를 손에 들고 녹색커튼 가까이로 다가갔다. 햇빛과 바람 덕택에 아이들의 팔뚝보다 큰 열매가 주렁주렁 달렸다. 아이들은 입을 다물지 못하고 금세 제 품에 안길 열매를 사랑스러운 눈빛으로 바라보았다. 마치 논에서 추수를 앞둔 농부의 모습과 사뭇 비슷하게 느껴졌다. 익숙한 손놀림으로 싱싱한 수세미와 여주를 수확하고 시든 잎들을 솎아 내기 시작했다. 사다리를 직접 타고 올라가 잎을 정리하는 아이도 있었다. 구슬땀을 흘리며 수확한 오이를 한입 베어 무는 환한 아이들의 모습이 무척이나 아름다웠다.

한 여학생에게 맛이 어떤지 물어보았다.

"맛있어요?"

"무척 맛있어요!"

자신이 정성스럽게 키운 오이는 그야말로 꿀맛일 것이다. 녹색커튼 수업은 다른 수업과 어떤 점이 다를까?

"다른 수업은 교과서만 보는 경우가 많잖아요. 총합학습시간에는 실제로 체험을 하기 때문에 머리에 훨씬 잘 들어와요."

 한 학생의 시원한 대답에 저절로 고개가 끄덕여졌다. 아이들 스스로가 녹색커튼 수업의 효과를 온전히 몸으로 받아들이고 있다는 사실을 짧은 대답 한마디로 알 수 있었다. 교실에서 키우는 생명을 통해 아이들은 딱딱한 교과서와 교실에서 벗어나 마음껏 자연을 느끼고 있지 않은가.

 "인간은 산소를 들이마시고 이산화탄소를 내뿜지만, 식물은 반대로 이산화탄소를 들이마시고 산소를 내뿜기 때문에 인간에게 식물은 매우 소중한 존재라는 것을 새롭게 깨닫게 되었어요."

 녹색커튼 수업을 통해서 느낀 점에 대해서도 들려주었다. 식물과 인간의 불가분의 관계를, 우리가 생존하기 위해서라도 우리에게 자연은 꼭 필요하다는 사실을 아이들은 체험 학습을 통해 자연스럽게 인식하고 있었다. 아이들은 활동을 계속해 나가면서 식물의 생명력과 생명의 순환에 감동하여 아주 적은 흙이라도 소중히 여기게 되었고, 식물을 동생처럼 보살피게 되었다는 이야기도 전해 들었다. 녹색커튼 덕에 시원해져서 에어컨을 쏠 필요가 없고 그 덕분에 전기가 많이 절약되고 있다는 이야기도 들려주었다.

 녹색커튼은 교실에 에어컨을 필요없게 만드는 훌륭한 친환경 커튼 역할을 한다. 녹색커튼의 효과를 알아보기 위하여 교실 내 온도를 측정해 본 결과 여름철이라 벽면 온도가 40도인데 6도나 낮은 34도를 기록했다. 옥상을 녹화하기 전 바닥 온도는 52도인데, 녹화를 한 경우 지면 온도는 30도였다. 우리가 흔히 사용하는 발이나 최신 유리는 단열 효과가 40~60퍼센트이지만 녹색커튼은 80퍼센트에 이른다. 특히

여주와 수세미로 만든 동경한국학교 녹색커튼

발 같은 경우는 햇빛을 막아 주긴 하지만 녹색커튼처럼 열을 막아 주는 효과는 현저히 떨어진다.

녹색커튼의 효과

녹색커튼 운동을 제안한 구키모토 선생님은 아이들의 이런 모습에 감동하여 이런 내용을 담은 가사로 직접 작곡까지 하여 2007년에는 '에코 일본컵 2007'이라는 경연 대회에서 특별상까지 수상하였다. '우리들은 잊지 않을래, 부드러운 흙의 따스함을'으로 시작되는 가사는 많은 사람들의 마음속에 작은 실천이 가져오는 아주 특별한 감동을 주는 데 전혀 부족함이 없는 것 같다.

이타바시 구 교육위원회에서는 녹색커튼 운동이 학교와 지역을 연계하는 사회적 효과가 높다고 판단하여 예산을 지원하고 있다. 2013년에는 이타바시 구내 초등학교 52개교, 중학교 23개교, 보육원 41곳 등 전체적으로 교육 시설 173곳에 녹색커튼이 설치되었고, 콩쿠르와 견학회, 강습회 등을 통해서 보급 활동을 적극적으로 펼치고 있다.

이런 노력으로 도쿄뿐만 아니라 전국적으로 함께하는 지자체가 늘어났고, 녹색커튼 콘테스트 등이 개최되면서 전국적으로 확산되고 있다. 2006년에는 지역 주민들이 '녹색커튼응원단'이라는 시민 단체를 결성하여 '녹색커튼포럼'도 개최하였고 일본 정부의 《환경백서》에도 소개되어 지자체의 80퍼센트가 참여하게 되었다.

녹색커튼응원단은 대도시의 생활 환경운동을 넘어, 동일본 대지진의 이재민 구조 활동에도 참여했다. 동일본 대지진으로 많은 이재민이 발생했고 이들은 임시 주택에 거주하게 되었는데 집을 잃은 설움도 이만저만하지 않았지만, 임시 주택은 햇볕이 강한 여름철에는 단열이 제대로 되지 않아 폭염에 시달리고 있었다. 녹색커튼응원단은 '임시 주택+녹색커튼 프로젝트'라는 이름으로 임시 주택 3만 호에 녹색커튼을 만들어 주기 위한 모금 운동과 설치 운동을 SNS를 중심으로 제안하였다. 일반 주택보다 환경이 열악한 임시 주택에는 녹색커튼이 더 큰 효과를 발휘할 것이다.

일본 시민들은 녹색커튼 운동의 뜻에 하나둘씩 동참하기 시작하였다. 후원금을 보내 주는 개인과 기업들이 늘어나고, 이재민들이 사는 지역에 가서 녹색커튼을 설치하는 자원봉사 활동에 참가하는 적극적인 사람도 생기기 시작하였다. 민간에서 일어난 운동이 행정 조직을 움직이는 데 도화선이 되었다. 대지진 피해 지역인 후쿠시마 현과 이와테 현의 경우, 현청에서도 직접 나서서 임시 주택 1만 4500가구에 녹색커튼을 설치해 많은 이재민에게 힘을 주고 기쁨을 선사하였다.

녹색커튼 운동과 같은 작은 실천이 도시를 시원하게 하고 이재민에게 큰 희망을 줄 수 있다. 많은 예산을 들이지 않으면서도 에너지도 절약하고, 더운 여름을 시원하게 보내며, 지구온난화 문제까지 해결할 수 있고, 고통을 받는 사람에게 힘을 줄 수 있으니 이보다 더 좋은 환경 실천이 어디 있겠는가.

이나게제2초등학교 '생명의 숲' 입구

지바千葉 현 지바千葉 시
전통과 상상의 '생명의 숲', 비오톱

꿈의 샘과 만나다

"이시이 선생님, 정말 오래간만입니다. 3년 만에 뵙는 거네요. 꿈의 샘 이야기 덕분에 저도 학교에 연못을 만들었답니다."

"정말이에요? 영광입니다. 한국 선생님들의 실천도 대단하다고 생각해요."

"앞으로 귀찮을 만큼 이것저것 부탁드릴게요. 자주 뵈어요."

2006년 봄, 이시이 노부코 선생님을 도쿄에서 다시 만났다. 이시이 선생님은 2003년 기타큐슈에서 열린 한일교육교류회에서 만났던 50대의 초등학교 여선생님이다. 한일교육교류회에서 이시이 선생님은 자신이 근무하는 오오기다초등학교에서 진행된 '꿈의 샘'이라는 교육 실천 사례를 발표하였다. 어린이와 지역 주민, 학부모, 교사가 합심해서 연못을 파고 활용하는 실천 사례를 발표하는 모습이 어찌나 행복해 보이던지. 그 모습을 보고 한국에 돌아와서 아이들과 학교에 연못과 논을 만들며 참으로 행복한 시절을 보냈다.

이시이 선생님이 연못을 만들기 전 어린이들과 주변의 논 등에 생태 답사를 하고, 어린이들의 의견을 모아서 어린이들이 만들고 싶은 연못을 발표하는 장면이 참 인상적이었다. 이시이 선생님은 학교 구성원의 의견과 아이디어를 모으는 것이 중요하다고 강조했다.

오오기다초등학교 현관에는 교장 선생님 사진 대신, 연못을 만들 때 도와준 마을 주민의 사진이 걸려 있는데 이 또한 어린이들의 의견을 반영한 것이라고 했다.

"획기적인 발상이었지요. 지역 주민과 졸업생이 관심을 가져야만 연못이나 비오톱이 잘 운영될 것이라고 확신합니다."

'꿈의 샘'의 주인공을 오랜만에 다시 만나니 반가웠고, 그녀도 내가 일본어를 배워 일본으로 유학 온 것을 무척 신기해하는 것 같았다.

그해 여름 매미 소리가 귓가에 한창일 때 다시 전화 연락을 하였다.

"'꿈의 샘'을 직접 보고 싶은데 찾아가도 될까요?"

"환영합니다. 언제라도 오세요. 그런데 '꿈의 샘'의 모습이 예전과 많이 달라졌어요."

과연 '꿈의 샘'은 실제 어떤 모습일까 궁금하기도 했지만 한편으로 이시이 선생님의 다른 교육 실천 이야기도 듣고 싶어서 한걸음에 지바로 달려갔다.

오오기다초등학교의 '꿈의 샘'을 찾아간 날은 8월의 마지막 날이었다. 무척 더운 날씨였다. 우리는 학교 세 곳에서 비오톱을 보기로 하였다. '꿈의 샘'은 여름방학이라서 수풀이 우거지고 설명 안내판이 조금

낡아 있었을 뿐 그 자리에 잘 있었다. 다만 방학이라 아이들이 수업하는 모습을 보지 못해 아쉬움이 남았다.

"아직도 잘 지켜지고 있네요. 예전 생각이 많이 나시겠어요?"

"글쎄 말이에요. 이 학교에서 아이들과 함께했던 시간에 참 행복했어요."

이시이 선생님과 함께 여러 학교도 둘러보고 예쁜 수제 과자를 파는 빵집에서 이야기꽃을 피웠다. 멋지고 큰 모자를 쓴 요리사가 나올 것 같은 분위기 있는 빵집이었다. 고풍스러운 커피 잔에서 풍기는 진한 커피 향이 참 좋았다. 아침 일찍 서둘러 나와 종일 연못과 학교를 구경하느라 쌓인 몸의 피로가 싹 가시는 것 같다.

미처 가 보지 못한 학교 중에서 참관할 만한 다른 학교를 추천해 달라고 하자 이시이 선생님은 지바 시립 이나게제2초등학교를 소개해 주었다.

"이나게제2초등학교는 지역 주민과 학생, 교직원이 '생명의 숲'이라는 이름의 숲을 만들어서 열심히 활동하는 학교예요. 프로그램 운영을 잘해서 몇 해 전 학교 비오톱 콩쿠르에서 대상을 수상하기도 했어요."

일본생태계협회에서 진행하는 학교 비오톱 콩쿠르는 익히 알고 있었다. 일본에서는 1990년대부터 독일의 학교 비오톱 운동의 영향을 받아 학교 비오톱을 만들고 교육적으로 활용하자는 운동이 대대적으로 일어났다. 비오톱은 '생명bio+장소tope'라는 독일어로, 생물의 서식 공간을 뜻한다. 흔히 도시의 공원이나 학교에 만들어진 생물 서식 공간을 비오톱이라고 통칭해서 사용한다.

일본의 비오톱 조성에 많은 영향을 준 나라는 독일이다. 독일은

1976년에 '연방자연보호법'이 제정되어 지금까지 개발에 의해 훼손된 자연을 복구하려는 시도가 시작되었다. 이 법률은 하천의 콘크리트 호안 블록과 배수로를 부수고 다양한 생물의 서식 공간 만들기를 목표로 해서 자연 복원 활동을 촉진했다. 소위 비오톱 운동의 제창이었다.

일본에서도 기존의 인공 구조물을 부수기로 한 결정은 신선하고도 충격적인 시도였다. 2002년에 '자연재생추진법안'이 국회에서 심의되고 통과되었다. 학교 비오톱은 이러한 사회 분위기와 함께 2000년도부터 시작된 총합학습시간 활용 장소로 주목받고 있다. 체험을 수반하는 활동으로 학부모와 지역 주민과 함께하는 형식의 총합학습시간은 최근 학교 비오톱 역할을 하고 조성하는 데 주요한 역할을 하고 있다.

일본생태계협회는 학교 비오톱에 대한 활동을 주도적인 사업으로 펼치고, 프로그램 개발과 비오톱 콩쿠르를 개최하는 단체이다. 학교 비오톱 콩쿠르는 1999년부터 2년 간격으로 열리는데, 2010년 2월에 열린 콩쿠르는 전국에서 응모한 139개 학교에서 5개 학교가 엄선되어 발표 대회를 가졌다.

콩쿠르를 개최하는 목적은 학교 비오톱의 우수한 실천 사례를 수집하여 소개함으로써 학교 비오톱이 가지는 다양한 가치를 널리 알리고, 환경교육의 발전과 나아가서는 학교 안에 생태적인 공간을 확장하는 데 있다.

이시이 선생님 소개로 학교 비오톱 콩쿠르에서 대상을 수상한 이나게제2초등학교를 알게 되었고, 몇 차례 방문하여 '생명의 숲' 실천을 파악할 수 있었다.

숲 속 교실이 열리는 학교

 2009년 여름, 이나게제2초등학교를 찾아갔다. 학교에 방문하기 위해 집을 나서는데, 비가 멈추질 않았다. 가는 날이 장날이라고 아침부터 도쿄 하늘이 심술을 부렸다. 며칠째 해, 구름, 비, 바람이 등장과 퇴장을 반복했다. 전날 밤부터 내린 비로 인해 과연 '숲 속 교실'이 제대로 열릴까 내심 걱정이 되었다. 교문을 들어서는데 멀리 운동장 건너편에서 요코다 고메이 선생님이 환한 웃음을 지으며 손을 흔들었다. 이시이 선생님 소개로 방문한 이후 여러 차례 이 학교를 드나들어 친숙해진 풍경이다.
 "오늘 수업, 괜찮을까요?"
 "힘들겠지만 학생들이 이렇게 모였으니 시작해야지요! 비가 와서 천막을 설치했어요."
 워낙 여름에 비가 많이 오는 도쿄 날씨에 익숙해서인지 별 문제 없다는 말투였다. 시민 모임인 '그룹2000'의 다른 멤버들도 비가 와서 더욱 분주하게 움직이고 있었다. 주변을 보니 벌써 많은 학생이 천막 안에 들어와 있었다. 오늘은 거미를 주제로 수업이 열린다고 하는데 무척 기대가 되었다.
 요코다 선생님이 수업을 시작하였다. 들고 있는 거미 모형은 진짜 거미 같아 보였다. 손재주가 있는 그의 아이디어로 만들어진 거미 모형은 낡은 옷걸이에 검은 테이프를 감고 검은 비닐을 사용하여 만들었다고 한다. 요코다 선생님은 이 지역에서 '숲 아저씨'라고 불린다. 한 달에 두 번 이곳에 와서 자원봉사로 자연 교육을 하고 있다. 거미에

요코다 고메이 선생님의 숲 속 교실 수업 장면

관한 설명을 듣는 아이들의 눈빛은 무척 진지했다. 학교 안에는 아이들의 눈높이를 맞춘 비오톱이 꾸며져 있다.

이 학교 숲의 이름은 '이노치노모리'로 우리말로 해석하면 '생명의 숲'이다. 이 소박한 숲은 지난 1999년 봄, 학교와 지역 주민이 한뜻으로 계획을 시작하여 2001년 5월 조성 완료하여 학생들이 이용하기 시작하였다.

이나게제2초등학교는 지바 현 지바 시 미하마 구에 있는, 전교생이 240명인 학교로 개교한 지 50년이 안 된 학교이다. '생명의 숲'을 만들기 전에 그곳은 학교 쓰레기 처리장이었다. 담장을 등지고 조성된 숲의 면적은 약 350제곱미터이며 연못, 작은 하천, 수목, 풀 밭, 돌, 고목, 퇴비장, 벽면 녹화, 논 등으로 구성되어 있다. 물론 '숲 아저씨' 요코다 선생님도 이 숲을 만드는 데 앞장섰다.

요코다 선생님을 처음 만났을 때 이 숲을 만들게 된 이야기를 들을

'생명의 숲'의 다양한 모습들

'생명의 숲' 공중 정원

수 있었다.

"이곳에 예전 시골 모습을 만들고 싶었어요. 산과 물로 둘러싸인 마을 숲을 재현해서 아이들이 매일 뛰놀 수 있는 장소를 만들자는 생각으로 시작했지요."

요코다 선생님의 아들은 다른 초등학교에 다녔는데, 이나게제2초등학교 교장 선생님이 적극적으로 함께하고 싶어 해서 시작하게 되었다고 한다.

"우리 아이가 다니는 학교가 아니더라도 지역에서 봉사를 할 수 있는 기회였으니까요. 지역의 어린이들을 만날 수 있어서 무척 보람을 느낍니다."

요코다 선생님의 직업은 건축가인데, 월요일부터 금요일까지 건축사 사무소를 운영하고 있어서 무척 바쁘지만, 주말에는 환경 봉사를 하고 있다고 한다. 티셔츠와 청바지 차림이라서 농사일이나 상업에 종사하는 줄 알았는데 의외였다. 일본 사람들의 자원봉사 정신은 우리 사회보다 한 차원 높다는 것을 다시 한 번 느꼈다.

지바 시에서 2000년에 개설한 환경 강좌 수강생들이 만든 시민 모임 '그룹2000'이 이 학교의 비오톱을 조성하는 데 앞장섰다. 건축가인 요코다 고메이 선생님도 자원봉사를 하기 위해 강좌를 수강했고, 지금까지 이 조직을 이끌고 있다. '생명의 숲'에는 우물로 물을 끌어올려 만든 냇물이 있고, 냇물에는 갖가지 수생식물과 어류가 산다. 초여름에는 반딧불이가 날고, 겨울 무논에는 새들이 찾아온다. 아이들이 다니기에 맞춤한 숲길이 냇물을 따라 이어진다. 아이들이 만든 다리 대여섯 개도 놓여 있다. 어른 눈에는 작아 보이지만, 이 학교 초등학생

240명에게는 결코 작지 않은 생태계이다.

전통과 상상의 비오톱

이곳에 있는 시설물 대다수가 아이들의 상상력을 바탕으로 만들어졌다. 아이들의 희망에 따라 버섯 키우는 곳과 공중 정원을 만들었다. 나무의 작은 집도 아이들의 아이디어이다. 이런 창의성과 참여를 통한 '생명의 숲' 조성과 운영을 인정받아 일본 학교 비오톱 콩쿠르에서 대상인 문부과학대신상을 수상하였다.

"아이들이 낚시 하우스나 농촌에서 볼 수 있는 집을 만들고 싶다든지, 공중의 높은 곳을 걸어 보고 싶다고 하면 그런 아이들의 꿈을 하나하나 실현하면서 여러 가지 것을 만들고 있어요."

요코다 선생님은 어른의 입장보다도 아이의 입장에 서서 일을 하고 있는데, 비오톱 조성뿐만 아니라 프로그램 운영도 기획하였다. 2003년부터 생명의 숲에서 매월 한 번씩 '숲 속 교실'이 열려서 이 학교 학생뿐만 아니라 주변 학생도 참여하는데, 그날은 '생명의 숲의 날'이라고 불린다. '숲 속 교실'에서 열리는 프로그램은 일본의 세시 풍속인 세시기를 참고하여 만든 참여형 환경 학습 프로그램이다. 5월에는 논에 물을 대고, 6월에는 모내기를 하며, 7월에는 대나무 통에 소면을 건져 먹는 등의 활동을 한다. 이 지역의 주민센터인 미하마 구의 이나게하마공민관이 같이 주최를 하고 있으며, 중요한 지역 행사 중의 하나로 자리 잡고 있다.

'생명의 숲' 맑은 샘물

　참가자는 매년 늘어나 2008년에는 약 2천 명이나 참석했다고 한다. 어린이들은 자연 속에서 놀면서 '자연과 생명의 소중함'을 깨닫게 된다. '생명의 숲' 논에서는 무비료, 무농약, 불경기不耕起(제조하지 않음)의 원리로 농사를 짓고, 지역 주민을 강사로 초대하여 현대사회가 잃은 '전통의 소중함'을 느낄 수 있는 프로그램을 진행한다.
　이 학교의 졸업생인 고지마 모네도 자신의 아이디어가 반영된 숲에 가끔 놀러온다. 고지마의 이야기를 들어 보았다.
　"보통 이런 숲 속 같은 환경을 주변에서 체험할 수 없어서 여기에 오면 매우 즐거워요."

'그룹2000' 회원인 오카다 씨도 지역 주민으로서 아이들과 친하게 되어서 보람을 느낀다고 한다.

"길을 걸을 때면 아이들이 '오카다 상! 오카다 상!' 부르면서 아는 척을 해주거든요. 그럴 때마다 아이들과 매우 친밀감을 느껴요. 내가 진짜 지역 주민이구나 느껴져서 참 좋습니다."

마음씨 좋고 순박한 인상과 열정적인 모습에서 자원봉사의 의미를 한층 더 느낄 수 있었다.

이곳 활동에 매달 참여하고 있는 안도 시게유키도 웃으면서 이야기를 들려주었다. 안도는 이곳에서 한 활동 중에서 가장 즐거웠던 활동으로 숲에 있는 대나무 잎을 따서 차를 만들어 마셨던 것을 꼽았다.

"얼마나 신기한지 몰라요. 우리 주변의 대나무 잎으로 차를 직접 만들어 마시잖아요."

이나게제2초등학교 '생명의 숲' 연간 프로그램

시기	주제	내용
4월	오감으로 느껴 보기	새순 스탬프, 청진기로 수목 소리 듣기, 쑥 케이크 맛보기
5월	첫여름의 '생명의 숲', 논물 대기	숲 생물 관찰, 논을 갈고 물을 넣어 평평하게 만들기
6월	모내기, 반딧불이 관찰회	벼농사 체험, 24절기와 농사 공부, 마을의 반딧불이 관찰
7월	여름 느끼기	대나무 통으로 소면 건져 먹기
9월	열매 맺은 가을1, 벼 베기와 탈곡	나무 통으로 소면 건져 먹기, 풀 베기, 생명체의 변화 관찰, 벼를 베고 탈곡해 벼 말리기
10월	열매 맺은 가을2	가을밤 벌레 소리로 이름 맞히기
11월	'생명의 숲' 작은 예술제	숲의 수확물로 공작 활동
12월	크리스마스	스프 만들기, 촛불 이어 붙이기

일본에서 흔한 대나무 잎을 가지고 차를 만드는 활동은 아주 대단한 프로그램은 아니지만, 주변 친구들과 자신이 살고 있는 지역에서 이런 일들을 함께한다는 것, 특히 학교 숲에서 체험 중심으로 한다는 것이 아이들에게 인상적이고 가슴에 남는다는 것을 느꼈다.

이 학교의 자연환경이 좋아 딸을 전학시킨 오사카베 미카 씨도 만날 수 있었다. 자연 속에서 생기는 경험이 아이에게 무엇보다 중요하다고 생각해서였다고 한다.

"제가 어릴 때는 그래도 이런 자연을 느끼고 볼 수 있었는데, 어른이 되니 대도시에서는 이런 자연을 점점 볼 수 없게 됐어요. 여기에는 물이 흐르고 여러 가지 생명들이 태어나고 자라고 있어요. 이것을 아이가 경험하게 하고 자연 속에서 놀게 하는 게 매우 귀중한 경험이라고 생각했어요."

옆에 있던 오사카베 씨의 딸인 유메노는 1학년인데 '숲 속 교실'에 흠뻑 빠져 있는 모습이다.

"이곳에 오면 무척 신기하고 재미있어요. 숲 속에서 앉기도 하고 곤충들도 관찰할 수 있어요."

유메노의 깜찍한 대답이 대견하여 머리를 쓰다듬어 주었다. '이렇게 예쁘게 커 주어서 고맙구나.' 하고 마음속에서 감사의 인사가 저절로 나왔다. 아이들에게 자연은 어떤 다른 교과서보다도 많은 것을 알려 주고 가르쳐 주는 제일가는 교과서이다.

비오톱을 운영할 때 무엇이 제일 어려운 점일까?

"학교와 원활한 관계를 맺기가 어렵습니다. 사고 위험과 관리 어려움 등으로 학교가 운영을 꺼리기 때문이지요. 해마다 새 학기가 되면

학교 관계자와 간담회를 갖고 많은 공을 들입니다. 처음에 단추를 잘 끼우지 않으면 무척 힘들지요."

교사들이 전근을 가거나 하면 정말 힘들다고 한다. 그래도 주저앉지 않는다.

"1년 활동 계획을 학교와 여러 차례 상의하면서 서로 의견을 맞춰 나가곤 합니다. 교장 선생님이 바뀌고 열의 있는 선생님들이 떠나면 기운이 쭉 빠지기도 하지만요."

이 일을 하면서 느낀 보람이 새로운 에너지가 된다.

"비오톱에 여러 생명체가 살게 된 것을 보면 힘이 납니다. 5년 전부터 연못에 반딧불이가 찾아온 것과 이곳을 찾은 아이들이 웃는 모습을 볼 때 가장 행복합니다."

좋은 환경교육은 지역사회와 자원봉사 단체, 학부모, 학교가 함께 뜻을 모을 때 성공할 수 있다. 요코다 선생님과 같은 자원봉사자들이 변함없이 '생명의 숲'을 지켜 준 덕분에 지역의 어린이들이 행복을 만끽할 수 있다.

지역사회의 작은 생태적인 공간들을 돌보고 지역 주민들과 함께 가꾸는 학교 비오톱 운동은 시민 참여형 환경교육이다. 이곳에는 깊은 산속이나 대자연 속보다 더 많은 감동과 기쁨이 있다. 사람과 자연이 공존하는 도시 만들기가 바로 이런 작은 연못에서 시작할 수 있다는 희망을 느낀다.

생명의 숲 작업실

둥지 재료를 찾고 있는 제비 ⓒ 김철록

이시카와石川 현 가나자와金沢 시
45년을 이어 온 제비 조사 활동

도시를 떠나는 그리운 제비

아지랑이 피어오르고 나무에 물이 오르면 집 떠났던 제비가 돌아온다. 유년 시절 봄이면 우리 집 마당 처마 밑에 제비가 찾아왔다. 봄은 노란 개나리, 붉은 진달래가 피고난 뒤 지지배배 하는 제비 소리가 들려야 제대로다. 봄날이면 어미 제비들은 논에서 먹이와 둥지 재료를 연신 옮기느라 바쁘다. 최근에 제비가 나는 봄날 풍경을 보기가 점점 어려워진 것이 못내 아쉽고 그립다.

풋풋한 신임 교사 시절 경험한 제비에 관한 추억이 있다. 운동장에서 애국 조회를 하던 봄날 아침에 어디선가 제비 떼가 우리들 머리 위를 날아다녔다. 교장 선생님의 훈화는 뒷전으로 하고, 아이들에게 연신 눈짓을 하며 제비의 군무를 함께 즐겼던 기억이 있다. 제비 덕분에 그날따라 애국 조회의 행진곡은 봄날의 왈츠처럼 들렸다.

이처럼 어린 시절에 자주 보던 제비를 요즘 들어서는 좀처럼 보기가 어렵다. 그 많던 제비는 모두 어디로 갔을까? 제비가 귀해진 것은 논에 농약과 비료를 많이 사용하면서부터이다. 농약은 독성이 강해서 논 생물에 치명적인 영향을 끼친다. 비료는 비옥한 농토를 산성화시켜서 논 생물이 살 수 없게 만든다. 논 생물이 줄어들면 제비의 먹이가 부족해질 뿐만 아니라 2차 감염까지 불러온다. 어미 제비는 새끼 제비에게 줄 먹이의 대부분을 논에서 가져온다. 논에 사는 곤충류를 먹은 새끼 제비는 농약에 감염되어 생명이 단축된다. 농경지가 줄어들고 사람들의 주거 문화가 아파트 중심으로 변한 것도 제비의 생존에 악영향을 미쳤다. 제비가 둥지를 틀고 먹이를 찾을 공간이 부족해진 것이다. 서식지와 먹이가 사라지면 생물은 더 이상 살 수가 없게 된다.

국립산림과학원의 연구에 의하면 제비의 먹이 활동은 해충을 방제하는 효과가 있는데, 제주도에서만 연간 20억 원어치의 효과가 있다고 한다. 제비는 1시간에 25차례, 하루 평균 14시간 동안 350여 차례에 걸쳐 새끼에게 먹이를 공급한다. 제비가 제주도에 머무는 5개월 동안 새끼 제비 한 마리가 평균 5만 2500개의 먹이를 먹는다. 새끼 제비의 먹이는 나비와 나방류, 파리류, 벌 등으로 이 중 해충의 비율을 15퍼센트라고 치면 새끼 제비 한 마리가 제주도에서 연간 7875마리의 해충을 없애 주는 셈이다. 이처럼 제비는 우리에게 환경적으로도 중요하지만 경제적으로도 큰 도움을 주는 이로운 생물이다.

처마 밑에 앉은 제비 ⓒ 김철록

제비를 공부하는 학교

2006년 어느 봄날 제비 학습으로 유명한 다키아이초등학교의 수업을 참관할 기회가 생겼다. '제비 학습? 제비를 가지고 수업을 한다고?' 궁금증과 호기심이 생기지 않을 수 없었다. 다키아이초등학교는 도쿄도 교육청에서 지정한 애조 모델 학교이다. 애조 모델 학교는 어린이들이 새에 대한 학습을 하면서 새를 사랑하고 환경을 지키는 마음을 기르게 하려는 목적을 가진 시범학교이다. 일본에는 이런 시범학교가 여럿 있는데 야생조류보호단체의 자연 안내자와 함께 수업에 도움을 주고 있다.

다키아이초등학교에 가기로 한 날은 4학년 학생들이 '제비의 불가사의'라는 주제로 1년 동안 진행하고 있는 총합 학습 수업을 공개하는 날이었다. 전철을 타고 학교로 가는 길목에는 햇볕에 반짝이는 다마 강

다키아이초등학교 비오톱

과 어우러진 논밭이 펼쳐져 있었다. 학교로 들어서자 운동장에 있는 생태 연못에서 아이들이 물놀이를 하고 있는데, 일본에는 이런 생태 연못을 조성해 교육 목적으로 활용하고 있는 학교가 5천 개가 넘는다.

수업은 먼저 교실에서 제비 조사 지역과 방법에 대해 설명을 한 다음, 마을로 가서 제비 조사 활동을 하는 순서로 진행되었다. 아이들이 산만한 것은 한국이나 일본이나 똑같았다. 교실에서 선생님이 설명을 하는 동안에도 아이들의 엉덩이는 잠시도 가만히 있지를 못했다. 잠시 후 시작할 제비 조사 활동에 대한 기대감 때문인 듯했다. 수업을 도와주기 위해서 온 자원봉사 어머니들도 카메라와 조류 도감과 수첩을 손에 든 채 눈을 반짝이고 있었다.

실내 수업이 끝나자 선생님과 어머니들은 아이들을 그룹별로 인솔하여 제비 집이 있는 마을로 향했다. 교실을 나서면서 살펴보니 복도 곳곳에는 아이들이 직접 만든 학교 생태 지도와 여러 전시물이 걸려 있었다. 화장실 문에는 아이들이 직접 만든 것으로 보이는 나무와 새 그림이 장식되어 있었다.

제비 학습은 어떻게 이루어지는가

제비 학습이 추구하는 목표는 학교 주변에 찾아오는 제비에 대해 흥미와 관심을 높이고 제비의 생태를 알게 하는 것이다. 제비 학습을 계기로 다른 새에 대해서도 흥미를 느껴서 관찰하고, 그 새에 대해서 새롭게 알게 되는 경우가 많다.

다키아이초등학교는 왜 제비를 학습 주제로 선택했을까? 제비는 다른 새에 비해 아이들이 관찰하고 실험하고 조사하기가 쉽고, 4월부터 10월까지 지속적으로 볼 수 있는 새이다. 아울러 지역 주민에게 정보를 얻기도 좋으며, 교과와 관련된 학습 구성도 어렵지 않아서 국어, 과학, 사회, 미술 등의 과목과 통합 학습도 할 수 있다. 무엇보다도 제비에 대한 학습이 아이들 마음에 오래 남아서일 것이다.

제비 학습은 1년 동안 지속적으로 진행된다고 한다. 학년 초에는 먼저 제비에 대한 인식을 조사하고 그동안의 의문점도 정리를 한다. 그리고 학교 내의 제비와 학교 밖의 제비에 대한 조사를 함께 진행한다. 교내 학습에서는 제비 집을 완성하는 기간, 어미가 새끼에게 먹이를 주는 횟수, 제비 집 직접 만들어 보기 등을 한다. 마을의 제비 집을 조사하면서 지역의 자연환경에 대해서도 알게 된다. 학년 말이 되면 1년 동안 학습하면서 느낀 점, 자신의 변화, 앞으로의 계획에 대해서 발표하는 시간을 갖고 제비 학습을 마친다.

현장에서 아이들도 진지하고 의욕적으로 자신들이 계획한 내용에 따라 제비를 조사했다. 다들 누가 시켜서 하는 게 아니라 스스로 좋

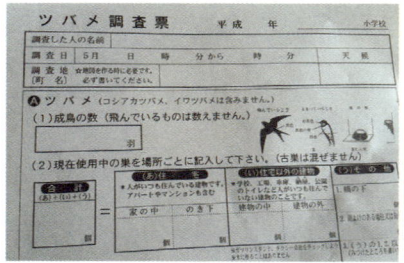 

제비 조사표와 제비 조사에 관해 의논하는 아이들

다키아이초등학교의 4학년 총합 학습(제비의 불가사의) 연간 학습 계획표

학교 조사	• 제비에 대하여 알고 있는 것 말해 보기(4월) • 제비는 왜 1층 승강구에 둥지를 만들까?(4월~7월) • 제비 둥지는 며칠 만에 완성되는가?(4월) • 어미 새는 새끼 새에게 하루에 몇 번 정도 먹이를 주는가?(5월) • 제비 둥지 직접 만들어 보기(6월) • 제비 조사 활동(모니터링)하기(9월, 11월, 12월) • 전문가 및 지역 주민과 함께 탐조 활동하기(2월)
마을 조사	• 우리 마을에 둥지가 몇 개 있을까? • 지금 사용하는 둥지와 사용하지 않는 둥지 조사하기 • 까마귀 등에 공격당한 둥지는 어느 정도일까? • 제비가 둥지를 만드는 집에 사는 사람들은 어떤 생각을 할까? • 조사한 것을 정리해서 발표해 보기(8월) • 우리 학교에는 왜 제비가 많이 날아들까?(9월)
정리 활동	• 지금까지 진행 과정을 돌아보기(2월) • 가장 마음에 남는 활동은 무엇인가? • 학습을 하면서 자신의 변한 점은 무엇인가? • 지금부터 하고 싶은 것은 무엇인가? • 작품 만들기

아서 할 때의 즐거움으로 가득한 모습이었다. 1년 동안 스스로 계획을 세우고 살아 있는 생명체를 조사하는 경험을 통해 다키아이초등학교 아이들은 무엇을 배우게 될까. 그들이 앞으로 어떤 사람으로 성장해 가든 제비는 사람과 함께 살아가야 할 생명체이자 친구라는 걸 알게 될 것이다. 제비 또는 어떤 하찮은 생명체라도 그것이 사라지고 멸종 위기에 처하게 되면 우리 인간에게 얼마나 나쁜 영향을 미칠 것인지도 깨닫게 될 것이다. 그리고 그런 일을 방지하기 위해서는 무엇을 어떻게 해야 할지 생각하게 될 것이다.

45년째 제비를 조사하는 도시

다키아이초등학교 이외에도 일본의 여러 초등학교에서는 이와 비슷한 학습 활동을 하고 있다. 특히 이시카와 현은 제비 조사로 가장 유명한 곳인데, 2015년까지 무려 45년째 진행하고 있다. 2013년에는 이시카와 현 223개 초등학교 6학년 학생 1만 3천여 명이 제비 조사에 참여했다. 제비의 생태를 초등학생의 시각에서 알아보는 일을 40년 넘게 하고 있는 이시카와 현의 의지는 정말 대단하고 놀랍다.

일본 정부는 매년 5월 10일~16일을 애조 기간으로 정해서 새를 사랑하고 보호하는 활동 등 여러 행사를 하고 있다. 이시카와 현의 제비 조사도 이 기간에 실시하고 있으며, 어미 제비의 수와 현재 사용하고 있는 둥지와 사용하고 있지 않은 둥지의 개수 등을 조사한다.

이시카와 현이 제비 조사를 지속적으로 하고 있는 이유는 무엇일까? 제비 조사를 통해 자신이 살고 있는 고장의 자연환경을 살펴볼 수 있는 기회가 될 것이고 어린이들이 자연을 사랑하는 마음을 키울 수 있기 때문일 것이다.

제비는 사람이 사는 가옥이나 건물에 둥지를 틀기 때문에 마을 전체를 조사한다. 초등학교별로 지역이 겹치지 않게 지도를 보면서 집마다 방문해 "제비가 있습니까?"라고 물으며 조사를 한다.

이시카와 현의 면적은 약 4천 제곱킬로미터인데, 제비가 번식하기에 알맞은 지역(인가가 없는 산림 제외)은 약 1300제곱킬로미터이다. 2012년에 조사된 제비(어미 새) 수는 약 1만 3천 마리로 서식 밀도는 1제곱킬로미터에 열 마리쯤 된다. 이시카와 현의 인구는 116만 명이고

마을 제비 둥지를 조사하는 이시카와 현 초등학생.
제비 둥지가 있는 집에 스티커를 붙이는 어린이

마을에서 제비를 조사하는 다키아이초등학교 어린이들과 학부모회

약 45만 가구인데 제비 서식 밀도는 100가구에 3마리이다. 제비는 집과 창고 등에 둥지를 틀기 때문에 마을 주민들의 허락을 받고 집 안까지 들어가 보기도 한다. 어린이들은 가정집에 들어가서 질문을 한다.

"제비가 집에 둥지를 만드는 것을 환영하시나요?"

매년 1만 명이 넘는 주민들에게 질문을 하고 대답을 듣는데, 이시카와 주민의 80퍼센트는 제비가 자신의 집에 찾아오는 것을 환영한다고 한다. 제비 조사를 하면서 주민들에게서 제비에 대한 여러 가지 이야기를 듣고 배울 수 있는 것도 수확일 것이다.

참가 학생들의 감상문에는 다양한 느낌들이 묻어 있다.

"어미 제비가 열심히 새끼에게 먹이를 주는 모습을 보고 나도 부모님에게 사랑을 가득 받는다는 것을 느낄 수 있어서 기분이 좋았습니다."

"조사할 때 사람들이 '제비 조사하느라 수고가 많아요. 힘내요!'라고 친절하게 말해 줘서 다리가 아픈 것도 잊고 열심히 조사했습니다."

"사람들이 제비를 가족처럼 생각하며 싱글벙글 웃는 얼굴로 기쁘게 이야기를 해주어서 제비가 우리 지역에서 소중한 존재라는 것을 알았습니다."

이시카와 현의 어린이들은 제비가 살 수 없는 세상은 인간도 살 수 없다는 사실을 제비 조사를 통해서 깊이 되새기고 있는지 모른다.

우리나라 경상남도에서도 2010년부터 제비 조사를 초등학생들이 펼치고 있다. 특히 2013년에는 창원 우산초등학교에서 경상남도와 이시카와 현의 어린이들이 양국에서 환경 지표종이 되어 버린 제비를 살리는 일에 대해 함께 대책도 세우고 실천 사례도 나누는 교류회가 있었다. 창원 우산초등학교에서 열린 한일 여름 제비 캠프에서는 한국과 일본에서 제비 관찰 활동에 참가했던 초등학교 학생들이 자신들이 각자 사는 지역에서 제비를 조사한 내용을 발표하고, 함께 인근 마을의 제비 서식 현장을 살펴보았다. 나라는 다르지만, 제비가 사는 모습은 거의 같았다.

우리 민족과 가장 가까이서 함께 지냈던 제비를 대도시의 어린이들은 〈흥부전〉 이야기를 통해서만 알게 될까 걱정이 된다. 제비가 올 때 핀다고 해서 이름 붙여진 '제비꽃'도 제비가 오지 않아 얼마나 그리울까? 우리의 무관심 속에서 사라진 제비를 서울 하늘에서도 삼월삼짇날마다 다시 보기를 바란다. 제비가 살 수 없는 세상이라면 사람의 삶도 힘들지 않을까?

생태 도시를 꿈꾸다

니시노미야 시 초등학교 정원에 조성된 논

효고兵庫 현 니시노미야西宮 시
환경 학습 도시 니시노미야를 배운다

환경 학습 도시의 현장으로

'환경 학습 도시'를 세계 최초로 선언한 니시노미야 시를 찾았다. 2005년부터 여러 차례 방문하여, 환경 학습 도시 정책과 실천을 조사해 왔다.

니시노미야 시는 한신 대지진을 딛고 일어서 도시를 재건했다. 2011년 동일본 대지진이 있기 전에 일본에서 일어났던 가장 큰 대지진은 한신 대지진이다. 1995년 1월 17일 화요일 5시 46분 52초, 효고 현의 아와지 섬 북쪽을 진원으로 진도 7.2의 도심 직하형 지진이 일어났다. 몇 해 전 고베에 갔을 때 지진으로 파괴된 도로와 쓰러진 가로등을 그대로 보존한 '메모리얼파크'를 견학한 적이 있다. 대지진의 피해가 얼마나 컸는지 지금도 뒤틀려 있는 항만의 선착장은 말해 주고 있었다. 고베 항 부근 하토고베 거리의 '사람과방재미래자료관' 4층에는 당시 끔찍했던 지진 상황을 재연한 영상들이 상영되고 있다.

"자연재해는 피할 수 없지만 줄일 수는 있습니다."

영상 속의 내레이터는 대지진이 자연과의 공생 필요성을 깨닫게 해 준다고 강조한다. 한신 대지진으로 고베 시와 니시노미야 시가 가장 큰 피해를 받았다. 니시노미야 시는 한신 대지진 희생자 6400여 명 중 고베 다음으로 많은 1146명이 희생될 정도로 큰 피해를 받았다.

니시노미야 시는 일본 사람들에게 세 가지로 유명하다. 첫째는 일본 청주(사케)의 주조 공장으로 유명한 곳이다. 일본 청주 시장의 30퍼센트를 차지할 정도로 전통과 매출을 자랑하며 지역 경제에 많은 도움을 주고 있다. 둘째, 일본 고교 야구 결승전이 열리는 고시엔 구장인데 100년이 넘는 역사를 자랑하고 있다. 세 번째는 한신 대지진이 일어났던 도시로 유명하다. 이외에 미야자키 하야오 감독의 지브리 사단이 만든 극장 애니메이션 〈반딧불이의 묘〉의 배경도 니시노미야 시이다. 가해자인 일본을 미화한다는 이유로 개봉 반대 운동이 일었던 작품이기도 하다.

니시노미야 시는 일본 관서 지방의 대표적인 도시 오사카 부와 고베 시 사이에 있는 도시로서 인구는 48만 7178명(2015년 통계)이고 면적은 99.96제곱킬로미터이다. 위치는 효고 현의 동남부 지역이고 오사카 만 북부 연안에 위치하고 있다. 동쪽은 무코 강, 니 강, 서쪽은 아시야 시, 북쪽은 롯코 산 북부에서 고베 시에 각각 접하고 있다. 북부의 산지와 남부의 평야 지대로 나눠져 있다.

환경 학습 도시 선언이 있기까지

니시노미야 시는 교토에서 JR전차로 30분 거리이다. 교토와 니시노미야 시 모두 메이지유신 이전에는 일본의 심장 역할을 한 수도이기에 일본 문화를 흠뻑 느낄 수 있는 도시이다. 창밖으로 보이는 거리의 모습은 대지진의 흔적을 전혀 느낄 수 없는 평온한 분위기였다. 벌써 햇수로 20년이 지났으니 지진의 자취를 창밖으로 찾는 것은 무리일지도 모른다. 니시노미야 시는 한신 대지진 이후 도시를 재건하기 위해 노력하였고, 2003년 12월 14일에 일본 최초로 환경 학습 도시 선언을 할 수 있었다.

니시노미야 시의 환경 학습 도시 선언을 주도한 시민 단체 어린이환경활동지원협회(리프, Learning and Ecological Activities Foundation for Children)의 오가와 사무국장을 만나기 위해 니시노미야 역 주변 리프의 사무실을 찾아갔다.

환경 학습 도시를 어떻게 추진하게 되었는지 물었다. 처음에 일부

어린이환경활동지원협회 로고

니시노미야 어린이 농사 학교

정치인들과 행정기관에서는 '환경 도시', '환경 수도'로 이름 붙이기를 원했는데, 실제로 환경문제를 해결하기 위해서는 먼저 학습하고 인식을 전환하는 것이 중요하다고 여겨 환경 학습 도시로 방향을 정했다고 한다.

리프의 오가와 사무국장은 몇 해 전까지 환경 학습 도시 선언을 담당했던 시청 공무원이었는데 2006년 퇴직을 하고 리프 활동을 본격적으로 시작했다.

"공무원에서 시민 단체 활동가로 직업을 바꾸셨네요?"

"환경 학습 도시를 추진하면서 NGO의 중요성을 알게 되었고, 시민 속에서 추진하는 것이 더욱 효과적이고 빠르겠다는 확신이 생겼습니다. 과감하게 결정을 했지요. 지금 생활에 만족합니다. 98년 설립된 리프는 현재 개인, 기업, 단체 회원이 가입되어 있지요."

환경 학습 도시 선언은 니시노미야 시가 '문교 주택 도시 선언'의 기본 이념을 더욱 발전시켜 니시노미야 시에 살며 배우고 일하는 모든 사람들이 협동하여 환경 학습을 함으로써 지속 가능한 마을을 만들어 나가는 것을 목표로 하고 있다.

그보다 앞서 1998년에 니시노미야 시와 시민, 기업, 행정기관이 협동하여 리프라는 시민 단체를 설립한 것이 환경 학습 도시의 시발점이 되었다. 리프는 시민, 기업, 행정기관이 제휴하고 협동해 청소년이 환경 활동을 할 수 있도록 지역이나 학교 등 모든 장소에서 지원하는 것을 목적으로 1998년 활동을 시작한 특정 비영리 활동 법인이다.

환경 학습 도시 선언은 2003년 5월 시민, 사업가, 행정가가 함께한 파트너십 조직 '니시노미야시환경학습도시추진시민회의'에서 작성되었고, 처음 안을 기초로 니시노미야 시 환경 심의회에서 자문하고 시의회의 승인을 거쳐 선언에 이르렀다.

이 선언은 환경 학습 도시의 이념을 나타낸 선언문과 실천을 나타낸 행동 헌장으로 구성되어 있다. 2003년 12월 니시노미야 시는 참여와 협력에 의해 환경 학습을 통한 지속 가능한 마을 만들기를 목표로 환경 학습 도시 선언을 했고 내용은 아래와 같다.

니시노미야 환경 학습 도시 선언문

(…) 한신 대지진을 통해서 자연의 힘의 위력과 그 속에서 살아가고 있는 우리의 존재를 다시 한 번 느꼈습니다. (…) 우리는 세대를

넘어 가정, 지역, 학교, 직장 등의 여러 장소에서 시민, 기업, 행정기관의 협동에 의해서 사람과 사람의 새로운 교류를 만들어 환경 학습 활동을 지지하는 구조를 만들어 갈 것입니다.

니시노미야에 살며 배우고 일하는 모든 사람들이 문교 주택 도시 선언(1963년), 평화 비핵 도시 선언(1983년)의 정신과 걸음을 재인식해서 환경 학습을 축으로 한 21세기 지속 가능한 마을 만들기를 진행시킬 것을 여기에 선언합니다.

환경 학습 도시 살펴보기

오가와 사무국장과 나눈 환경 학습 도시 인터뷰는 밤늦게까지 이어졌다. 두 번째 만남이기는 하지만, 여느 일본인과는 한국 사람을 대하는 면면이 달랐다. 그는 재일 동포가 제일 많이 사는 오사카의 쓰루하시에서 유년 시절을 보내서 한국인과 한국 문화를 아주 좋아하는 친한파 일본인이다. 아직도 오사카에는 12만 명이 넘는 한국인이 거주하고 있다.

환경 학습 도시의 주요 사업이 무엇인지 물었다.

"환경 학습 도시 주요 사업 중 하나는 '지구워칭클럽EWC' 사업입니다. 1992년, 지구워칭클럽이라고 하는 환경 학습 사업을 시작했지요. 1995년에는 환경성이 시작한 '어린이환경클럽'의 기본 모델이 되었고 1998년에는 리프가 EWC 사업을 위탁받아 어린이들이 자주적·지속적·종합적으로 환경 학습에 관련되는 일을 할 수 있는 구조를 니시노미야 시와 공동으로 개발했습니다."

오가와 사무국장은 가방 속에서 환경 학습 도시 자료들을 꺼내 보이며 계속 설명했다.

"이것은 '에코 카드', '에코 스탬프'를 사용해 가정, 지역, 학교 등 아이들의 모든 생활 영역에서 환경 활동을 진행하고 환경적 마인드를 확립하는 일을 목적으로 한 '어린이 환경 활동 지원 네트워크 시스템'입니다. 에코 카드는 어린이의 발달단계에 맞추어 가정에서 지역을 걸쳐 사회로 발전해 가는 환경 학습 시스템인데 에코 카드를 가진 어린이는 여러 생활 현장에서 환경 활동을 했을 때 에코 스탬프를 어른에게서 받을 수 있습니다."

EWC 사업이 실제 학교에서 어떻게 운영되고 있는지 궁금했다.

운영 방법은 니시노미야 시의 초등학교를 통해서 저·중·고학년을 대상으로 '에코 카드' 3종류와 'EWC 서포터즈 가이드'를 어린이 2만 6천여 명에게 배포하고 학교, 사업소, 공공시설, 지역, 가정 등 아이들의 환경 활동을 지원하는 장소나 단체는 에코 스탬프를 소지하고 있다가 활동에 참여한 어린이에게는 에코 카드에 에코 스탬프를 찍어 준다고

에코 카드와 어스레인저 세트

한다.

그렇다면 시청은 어떤 역할을 할까?

시에서는 스탬프를 모두 찍은 어린이에게는 '어스레인저'를 인증해 준다. 2005년에 초등학생 2500여 명이 어스레인저가 되었고, 2006년부터는 중학생부터 성인도 참여할 수 있는 에코 액션 카드를 만들어 유사하게 운영하여 현재 1만 3천여 명이 참여하였다.

환경성이 운영하고 있는 '어린이환경클럽'은 전국적으로 학교 환경학습에 많이 사용되고, 청소년 단체에서도 같은 활동을 펼쳐 성공적인 환경교육 사업으로 평가되고 있다. 이 사업의 아이디어를 제공한 이가 바로 옆에 있다는 것이 무척 신기하였다.

지역에 파고든 환경교육 시설

오가와 사무국장은 롯코 산으로 함께 가자고 하였다. 이곳은 환경학습 시설인 '가부토자연의집'이 있는 곳이다. 가부토자연의집에서 산 밑을 바라보면 고베 시와 니시노미야 시가 한눈에 보이고 그 유명한 고시엔 구장이 바로 눈앞에 펼쳐졌다.

니시노미야 시에는 환경 학습 도시를 위한 서포터 시설을 운영하고 있는데 크게 네 가지 형태가 있다. 자연계 시설, 생활계 시설, 역사·문화계 시설과 EWC 사업의 에코 스탬프가 있는 문구점, 양판점 같은 상업 시설이다.

자연계 시설인 가부토자연의집은 1967년 '가부토청년의집'으로 개

가부토자연의집 내에 위치한 네이처센터

원을 하여 청소년들이 주로 이용하던 청소년 수련 시설이었다. 2002년부터 이름을 가부토자연의집으로 바꾸어 리프가 위탁 운영하고 개인과 단체들의 환경 학습을 지원하고 있다. '네이처센터'도 새로 신축하여 가부토 산에 찾아오는 시민들에게 자연 정보를 제공하고 자연 해설을 하고 있다.

숲 속에 가부토자연의집이 있다면 도심에는 리프의 사무실로 쓰는 '환경학습서포터센터'가 있어 하천 학습을 지원하고 있다. 시설 관리는 시청에서 하고 프로그램 운영과 시민 상담은 리프가 하고 있다. 해양 환경 학습을 할 수 있는 곳은 '고시엔해변자연환경센터'가 있다. 그곳도 시에서 시설을 운영하고 3층에 있는 학습 교류실은 리프에서 프로그램을 운영하고 있다. 그전에는 경마장으로 사용하던 시설인데 이용객 수가 줄어 경마장 시설이 없어지고 공원으로 개조되었고, 사무실은 고시엔해변자연환경센터로 탈바꿈하였다.

가부토자연의집 실내 모습

시 예산을 절감하기 위하여 기존의 숲과 해변 시설을 개조해 사용하고, 도심의 하천 센터는 시가 소유한 건물의 일부 공간만을 사용하는 아이디어가 참 신선했다. 외관이나 크기에 신경 쓰는 것보다 실제적인 활동과 프로그램을 중요시하는 실사구시의 생각이었다.

세상은 모두 연결되어 있다

세상을 변화시키는 것은 어려운 일이다. 하지만 어떤 사람이 하느냐에 따라서 잘할 수도 있고 못할 수도 있다. 오가와 사무국장을 비롯한 리프의 실무자들은 끼와 열정, 아이디어가 충만한 지칠 줄 모르는 슈퍼맨으로 보였다. 조례 제정과 국제 연대, 기업과의 연계 방안, 지역 사회와 학교의 연계 방안에 대해서 리프 활동을 중심으로 설명을 들었다.

리프는 단체 회원 63개, 개인 회원 134명이 활동하고 있으며 1년 예산이 약 1억 1천만 엔 규모이다. 정규 직원 6명, 계약 직원 2명, 임시직 28명이 상근 활동을 하고 있다(2015년 현재). 주요 활동 내용은 크게 6가지인데, 첫째로는 환경 학습 시스템이나 프로그램 개발, 둘째로 학습 활동 상담 및 어드바이스, 셋째는 다양하고 주체적인 기업, 행정과의 파트너십 형성, 넷째는 지도자 양성으로 자연 체험 활동 지도자 양성 강좌 운영, 다섯째는 환경 학습 교재 제작 및 정보 제공, 여섯째는 국제 연대 및 네트워크를 들 수 있다.

전체 활동 중에서 무엇보다도 중요한 것은 시민, 기업, 행정기관의 의사소통을 코디네이팅 하는 역할이다. 니시노미야 시는 20개 에코 커뮤니티로 구분되는데, 에코 커뮤니티는 기업, 시민, 행정기관이 참여한 지역의 환경회의로서, 리프는 그 회의를 지원하고 환경 학습에 대한 기획 운영을 한다.

또한 국제 연대 활동으로 8개국(오스트레일리아, 브라질, 인도, 일본, 한국, 리투아니아, 영국, 미국) 전문가들로 구성된 '지구키즈환경네트워크운영위원회'를 운영하고 있다. 홈페이지에는 '지구키즈환경네트워크'에 가입한 80개국의 활동을 소개하여 세계인이 함께 노력하고 있다는 것을 알려 주고 있다. 최근에는 일본국제협력단JICA를 통해서 개발도상국의 해외 연수 프로그램을 위탁 운영하고, 현지에 가서 환경 학습에 대한 컨설팅과 지도자 양성 활동을 펼치고 있다.

니시노미야 시와 리프, 오가와 사무국장과의 만남을 통해서 환경 공부도 하였지만 무엇보다도 더 많이 배운 것은 일에 대한 열정이다. 이러한 헌신적인 열정이 없었다면 니시노미야 시의 환경 학습 도시 선

니시노미야 시청 한국 방문단 간담회 모습

언이 과연 가능했을까? 오가와 사무국장이 가장 좋아하는 말은 "세상은 모두 연결되어 있다."라고 한다. 세상이 모두 연결되어 있다는 것은 무엇일까? 환경문제를 비롯한 세계 각국에서 벌어지는 일은 모두 연결되어 있기 때문에 세계인이 함께 노력해야만 해결할 수 있다는 것이다.

한국에도 많은 지자체가 환경 도시 선언을 하고 다양한 실천을 추진하고 있다. 니시노미야 시 사례처럼 민관이 함께 어깨를 맞대고 어린이부터 어른까지 함께 차근차근 준비하지 않으면 시민의 환경 의식이 발전하기를 기대하기는 어려울 것이다. 한국에서도 니시노미야 시와 같은 훌륭한 환경 학습 도시 실천 사례가 멀지 않은 시기에 생기기를 기대한다.

기타큐슈 시 에코타운

후쿠오카福岡 현 기타큐슈北九州 시
주민들이 함께 만드는 저탄소 사회, 기타큐슈

환경 모델 도시의 꿈과 도전

　기타큐슈 시는 일본 정부에서 지정한 환경 모델 도시이다. 환경 모델 도시의 성공 사례와 저탄소 사회로의 추진 전략에 대해서는 우리나라 신문과 방송을 통해서도 많이 소개되었다.

　기타큐슈 시청에서 가까운 무라사키 강이 바로 보이는 곳에 숙소를 잡고 첫 일정으로 기타큐슈 시청을 방문했다. 기타큐슈 시의 환경학습과 이시이 과장이 우리를 반기며 회의실로 안내를 하였다.

　기타큐슈 시는 2008년 일본 정부로부터 환경 모델 도시로 지정되었다. 환경 모델 도시의 목표는 저탄소 사회이다. 현재 수준에서 2050년까지 이산화탄소 발생량을 50퍼센트 줄이는 것이다. 시민의 삶을 더욱 윤택하게 하고, 그동안 잘못된 개발 정책으로 망가졌던 자연을 회복시키는 것이 중요하다고 여겨 이러한 목표를 세웠다.

기타큐슈 시는 초·중·고 총합학습시간에 《환경교육 부독본》이라는 교재를 개발하여 학습을 하고 있다. 벌써 10년도 넘은 일이다. 시청 부서에 환경학습과를 두고 학교 환경교육 활성화에 대해서 많은 고민을 하고 있다. 환경성에서 운영하는 어린이환경클럽이 134개로 회원 1만 9165명이 활발하게 활동하고 있다.

기타큐슈 시 환경 학습 시설은 '야마다녹지', '반딧불이관', '물환경관', '환경뮤지엄'의 4개 시설이 있는데, 이들을 연계하여 모든 초등학생이 환경 학습을 받을 수 있도록 프로그램을 운영하고 있다.

시민을 대상으로 한 환경교육으로는 '야마다녹지'에서 일 년 과정으로 시민이 직접 참여할 수 있는 유기농업 재배 관리, 논 관리, 대나무 숲과 경작지 정비, 꽃 체험 교실 등을 운영하고 있다.

기타큐슈 시는 환경 학습 정책을 장기적인 비전을 가지고 일관성 있게 진행하고 있다는 것을 곳곳에서 느꼈다. 반딧불이 보전을 위해서 반딧불이계를 설치하거나 환경 학습을 위해서 환경학습과를 설치하는 것은 그렇게 쉬운 일이 아닐 것이다. 담당 공무원이 생기고 더욱 전

일본의 환경 모델 도시(2014년 현재)

1차 지정(6곳) 2008년 7월 22일	기타큐슈 시, 요코하마 시, 도야마 시, 오비히로 시, 미나마타 시, 시모카와 정
2차 지정(7곳) 2009년 1월 23일	교토 시, 사카이 시, 이다 시, 도요타 시, 유스하라 정, 미야코지마 시, 지요다 구
3차 지정(7곳) 2013년 3월 15일	쓰쿠바 시, 니가타 시, 미타케 정, 고베 시, 아마가사키 시, 니시아와쿠라 촌, 마쓰야마 시
4차 지정(3곳) 2014년 3월 7일	니세코 정, 이코마 시, 오구니 정

기타큐슈 시에서 만든 환경 교과서 《환경교육 부독본》

문적으로 일을 하기 위해 현장 교사를 파견하여 함께 일을 추진하고 있다.

이시이 과장은 기타큐슈 시의 환경교육 사업들이 기타큐슈 시의 환경문제를 해결하고 지구온난화와 기후변화에 맞춰서 이루어지고 있다는 것이 중요하다고 강조한다. 약 30개 환경교육 시설이 있고, 시민이 이용하며 도시 전체가 '언제든지, 어디서나, 누구나' 배울 수 있는 환경교육 시스템이 정비되었다.

학교 환경교육 사례 가운데에서도 눈여겨볼 만한 것이 있다. 기타큐슈 시는 '우리 마을, 우리 학교의 환경 작전' 프로젝트를 전체적으로 시행하고 있고, 2007년도는 소네히가시초등학교, 가자시중학교 등 9개교를 환경교육 모델 학교로 지정했다. 소네히가시초등학교의 실천 활동으로는 먼저 폐휴지 회수 사업을 들 수 있다. 연간 회수한 헌 종이가 약 65톤이다. 둘째로는 소네 갯벌의 해양 쓰레기 수거 활동을 연간 2회에 걸쳐서 전교생이 펼친다. 이 밖에도 마을 캠페인, 시장과의 토론회 등을 펼치면서 단순히 체험을 넘어 지역사회의 문제도 함께 고민할 수 있도록 하고 있다.

아이들을 죽음으로 몰고 간 공해 문제

기타큐슈 시의 과거 모습은 어땠을까? 공해 도시로 유명했던 과거의 이야기를 기타큐슈 시민을 통해서 알 수 있었다. 과거에는 아픈 기억이었지만 과거의 문제점을 미래 세대에게 전해 주는 것도 우리들의 몫일 것이다. 기타큐슈 시의 환경뮤지엄에서는 공해로 입었던 피해를 입체적으로 전해 주고 있다. 환경뮤지엄의 자료에서 그 당시 6학년 학생의 글을 읽었다.

> 친구
> 잘 가라 다나카!
> 또 친구가 하나 줄었다.
> 지금까지 몇 명의 친구가 떠났을까?
> 앞으로도 가야 할 친구가 있을 것이다.
> 이 지역이 공단 지역이니까 그렇게 생각하며
> 친구를 배웅한다.
> _1970년 시로야마초등학교 6학년 2반 문집에서

1970년대 시로야마초등학교의 폐교 전 학교 상황을 극명하게 나타내는 글이다. 기타큐슈 시의 시로야마초등학교는 1956년 제철 산업이 번창했던 시절 공단 중심지에 개교하였다. 항상 매연으로 둘러싸인 학교여서 많은 아동이 천식이나 편도선염에 시달렸다. 시로야마초등학교는 '공해에 지지 않는 교육'을 교육목표로 삼았다. 체육 활동을 중심에

시로야마초등학교 학생들의 문집과 자료들

두고 체조, 수영, 등산 등을 열심히 하였다. 매연에 대한 걱정으로 건강진단을 상시적으로 하고, 각 교실마다 공기청정기를 설치하였다. 심지어 수영장에도 정화 장치를 설치하는 등 적극적으로 노력하였으나 척박한 환경을 견디지 못해 전출하는 학생이 속출하였다. 제철 산업으로 경제가 성장하고 그 성과로 세워진 시로야마초등학교는 개교한 지 불과 21년 만에 폐교되었다.

그때의 상황을 그 당시 교사였던 와다 미치코는 생생한 목소리로 이렇게 전하였다.

"하루에 세 번이나 청소 시간이 있었어요. 매일 더러워지니까 교탁 위에 의자를 놓고 천장까지 닦았습니다. 수영장 바닥에 30센티미터나 쌓인 분진을 선생님들과 아이들이 릴레이로 양동이를 퍼 올린 적도 있었습니다."

환경뮤지엄의 자원봉사자는 거의 대부분이 60~70대 노인들이다. 기타큐슈의 예전 모습을 잘 알고 있었다. 무라사키 강이 붉은 죽음의 강이 되고, 물고기들이 죽어 떠다니는 모습들을 생생히 기억하고 있었다. 개발이라는 미명하에 사라진 뭇 생명들을 위해서 그들은 오늘도 잘못된 과거를 기억하며 청소년들에게 환경의 중요성을 설명하고 있었다.

그 당시 주민의 반응은 어땠을까?

"1950년대부터 기타큐슈 시민의 삶은 공해 피해로 일상생활에서 많은 불편함과 나쁜 영향을 받고 있었지요. 도바다 지역의 주부들이 만든 '도바다부인회'는 공해로 인한 피해를 몸으로 느끼고 여론화시키기 시작했습니다."

어머니들이 나서기 시작한 것이다. 도바다부인회는 공해 문제 대책 활동으로 '매연문제전문위원회'를 설치하여 매진량과 아황산가스 농도의 피해 상황 등에 대해 전문가들의 지도를 받으면서 다양한 조사 활동을 추진하였다. 이런 조사 결과를 바탕으로 1965년 기록영화 〈푸른 하늘을 보고 싶다〉를 제작 발표하였다. 약 30분짜리 8밀리미터 영화가 공해 전시회를 통해 방영되자 일본 전역에서 큰 반향을 일으켰고 공해 반대 운동의 원동력이 되었다.

당시 주부들의 열의는 환경 행정에까지 영향을 주었다. 그 이후 공해 방지 활동에 시청도 동참하고 '공해방지대책심의회'(1969년)가 수질오염과 대기오염 조사를 본격적으로 논의하였으며 그해 기타큐슈 시 '공해방지조례'가 시행되어 수질과 대기에 관한 규제는 급속하게 강화되어 갔다. 기업에게 '공해방지협정서'를 준수하여 여러 가지 노력을

기타큐슈 시립 환경뮤지엄

취하도록 요구하였다. 1972년부터 1991년까지 20년간 시에서 공해 대책에 사용한 비용은 804억 엔이다. 매연과 수질오염을 극복하기 위해 1천억 엔에 가까운 천문학적인 예산이 투여된 것이다.

"자연은 한번 망가지기는 쉬워도 회복하는 데 시간이나 돈이 많이 필요하지요. 안타깝습니다. 그런데 지금도 계속 무모한 개발을 하고 있으니……."

이시이 과장이 한숨 섞인 목소리로 말했다. 1970년대 기타큐슈 시의 공해 문제는 크게 수질오염과 대기오염 문제였다. 1974년 수질오염의 상징이었던 도카이 만 바닥에 쌓였던 오니를 몽땅 끌어올리는 준설 공사를 시작하였다. 35만 세제곱미터에 달하는 오니를 완전히 밀봉한 후 도카이 만의 일부를 절단해 매립지에 묻어 버렸다. 그 공사 이후 1976년부터 다시 바다에서 물고기가 보이기 시작하였고 원래 바다의 모습으로 변모하기 시작하였다.

두 번째로 한 일은 공해 문제를 해결하기 위해서 1970년에 '공해감

에코타운 내부 모습

시센터'를 설치하여 공장의 대기오염에 관한 상세 정보를 제공한 것이다. 1978년에는 이산화질소의 환경 기준을 달성하였다. 일곱 색깔 다양한 연기로 최고치의 매연량을 기록했던 대기 상태는 1987년 일본 환경성으로부터 '별빛 하늘 도시'로 선정되는 결과를 가져올 만큼 나아졌다.

 기타큐슈의 사례는 비단 이 도시만의 문제가 아니다. 한국과 일본 많은 도시에서 과거와 현재 진행형으로 진행되고 있는 일이다. 지속 가능한 도시 만들기라는 교훈들을 받아들여 개발 위주의 정책들이 선회되기를 간절히 바랄 뿐이다. 열정적인 자원봉사자와 공무원, 시민단체, 교사를 만나서 많은 공부를 할 수 있었다. 이외에도 에코타운, 야마다녹지, 반딧불이관 등에서 진행되는 다양한 환경 학습에서 많은 감동과 교훈을 얻었다.

소네 갯벌을 살리자!

기타큐슈 시의 환경교육 모델 학교로 유명한 소네히가시초등학교를 방문하였다. 기타큐슈 시는 규슈 북단에 있는 소네 갯벌을 끼고 있는 해안 도시이다. 소네히가시초등학교는 소네 갯벌이 바로 눈앞에 보이는 학교이다.

회의실에는 꽃술로 만든 환영 글귀가 있었고, 시바타 도시유키 교장 선생님이 스케치북을 넘기면서 한 자 한 자 한글로 환영의 인사를 건넸다.

소네히가시초등학교는 학생 408명, 15학급으로 구성되어 있다. 규슈 최대의 갯벌인 소네 갯벌이 바로 인근에 있다. 갯벌에는 흰발농게, 검은머리갈매기, 망둥어가 살고 있다. 2억 5천 년 전부터 이 바다에서 모습이 바뀌지 않은 채 사는 투구게도 계속 살고 있다.

소네히가시초등학교는 생활과와 종합학습시간을 통해서 다양한 환경교육 활동을 하고 있다. 6학년 학생들은 소네 갯벌을 주제로 환경 학습을 한다. '소네 갯벌 클린 작전'이라는 프로그램을 진행해서 1년에 2번, 6월과 10월에 갯벌 정화 활동을 한다. 2010년 6월에는 1230킬로그램, 10월에는 2020킬로그램의 해양 쓰레기를 수거하였다. 투구게의 산란 시기인 6월에 녹조 현상이 심해져서 걱정된다고 안타까워했다. 정화 활동이 끝나면 학생 전원이 갯벌 진흙 체험을 하고 썰매 타기, 줄다리기, 뛰어놀기, 갯벌 생물 채집 활동을 한다.

이 밖에도 지역사회와 함께하는 활동도 펼치고 있다. 학생들은 '소네 갯벌을 보호하자'는 캠페인을 역전에서 벌이고 있는데 책가방이나 자전거에 캠페인 포스터를 붙이고 도로에 서 있으면 시민들의 시선이 모두 집중된다고 한다. 소네 갯벌을 살리기 위해서 지역 주민이 많이 모인 곳에서 '소네 갯벌 클린 작전에 협조해 주시기를 부탁드립니다'라고 호소를 한다.

이러한 활동 외에도 학교를 친환경적으로 개선했다는 점이 흥미로웠다. 소네히가시초등학교는 신재생에너지를 적극적으로 활용하기 위해서 10킬로와트짜리 태양광발전 시설을 설치했다. 기타큐슈 시의 다른 학교에도 태양광발전 시설이 설치되어 있다고 한다. 옥상이나 지붕으로 연결되는 부분에 단열 장치를 설치하고 환기 통로를 개선하여 학교 밖 온도를 조절하고 있다. 외벽 단열 개수나 창틀 복층 유리화가 그 사례이다.

학교 옥외 환경은 어떻게 개선이 되었는지 궁금했는데, 학교 정원 나무에 주는 물은 빗물 통에 모아진 빗물을 이용한다고 한다.

설명이 끝나고 나서 학교 이곳저곳을 둘러보았다. 복도 벽면에 설치된 전력계가 눈에 띄었다. 교실에서 사용되고 있는 전력량을 아동이 직접 파악하게 하기 위해서 전력계를 아동이 볼 수 있는 곳에 설치하였고, 물 사용량도 수량계를 학생이 볼 수 있게 설치하여 물을 낭비하

소네 갯벌에 사는 투구게

지 않도록 하였다. 벽의 표면 온도를 측정하는 기계도 가지고 있어서 단열재가 들어간 곳과 그렇지 않은 곳의 온도가 표시되어 어린이들도 쉽게 비교할 수 있다고 한다.

그런 노력의 결과로 학교를 리모델링하기 전보다 학교 전체 이산화탄소 배출량이 15퍼센트 줄었다고 한다. 일본 문부성에서 학교 건물을 친환경적으로 재건축하는 사업을 '에코 리노베이션 학교 사업'이라고 한다. 도쿄에서도 관련 학교를 살펴보았는데, 에코 스쿨 리모델링 사업에서 학교 구성원의 참여를 중요시했다. 환경적인 면뿐만 아니라 경제적으로도 이익이라고 한다. 소네히가시초등학교도 새로 지어야 할 경우 250억 엔 이상이 드는데, 에코 리노베이션을 하면 80억 엔 정도의 예산이 소요되어서 경제적이라고 한다. 학교 건물 자체가 환경 교육의 소재가 될 수 있고, 학생과 지역 주민, 교사가 함께 지혜를 모아 수업 속에서 아이디어와 제안을 내놓으니 일석이조이다.

소네히가시초등학교는 5·6학년 어린이들을 중심으로 환경위원회가 구성되어 있다. 환경위원회는 환경 캠페인과 페트병, 폐지 등을 수집하여 리사이클링 공장으로 보내는 일을 한다. 학생이 재활용품을 가

벽면 녹화, 외벽 단열 개수를 한 소네히가시초등학교 건물

지고 올 때마다 에코 포인트 도장을 찍어 주기도 한다. 또한 환경 포럼을 개최하여 자신들의 환경 실천을 지역 주민과 함께 나누고 토론하는 자리를 갖는다. 복도 한쪽에는 '소네히가시에코뮤지엄'이라는 공간을 마련해서 학생의 환경 작품과 투구게를 비롯한 갯벌 생물 전시, 태양광 발전량 소개, 봄에서 겨울까지의 생태 지도, 병뚜껑과 캔 뚜껑 수집 상자, 이산화탄소 발생량 측정 장치 등을 전시하고 있었다. 박물관은 거창하고 화려한 것이 아니라 자신에게 소중한 것이 모였을 때 의미가 있는 법이다. 소네히가시에코뮤지엄이 더욱 많은 결과물로 채워지기를 바란다.

운동장에는 태양광발전 시설이 보였다. 10킬로와트 용량이라고 하는데 운동장 한쪽 구석을 차지하고 있었다. 기타큐슈 시의 61개교에 태양광발전 시설이 설치되어 있고 용량은 최대 50킬로와트까지 발전하는 학교도 있다고 한다.

소네히가시초등학교는 소네 갯벌 살리기 작전, 에코 리노베이션 실천, 지역사회와의 연계 등 다양한 실험을 하고 있다. 이런 학습의 성과로 이 학교 학생들은 점차 자기 주변의 환경문제를 인식하고 환경문제 해결에 주체적으로 참가했으며 그 변화에 감동하게 되었다.

기타큐슈 시에서 펼치고 있는 환경 학습은 단순히 지식을 얻는 데 그치는 것이 아니라 실생활에서 실천하는 것을 가장 중요하게 여기고 있다. 앞으로도 기타큐슈 시가 저탄소 사회로 계속 도전하기 바란다.

스미다 구청 자전거 주륜장의 빗물을 이용한 옥상 녹화와 벽면 녹화

도쿄東京 도 스미다墨田 구
빗물로 세상을 바꾸다, 스미다 구

빗물과 우리 생활

비가 내리는 창밖을 바라보니 예전 어렸을 적 기억이 떠오른다. 어린 시절 장맛비가 내리는 여름철이면 어머니는 빗물을 모으기 위해 마당에 큰 대야를 내어놓았다. 받아 놓은 빗물로 빨래를 하면 빨래가 잘된다고 하셨다. 빨래용 물로 쓰는 것뿐만이 아니라, 남은 빗물을 텃밭에 주면 식물들도 잘 자란다고 했던 부모님 말씀이 기억난다. 최근에는 그런 모습을 도시는 물론 시골에서도 좀처럼 보기 어렵다. 언제부터인가 대기오염으로 인해 빗물은 산성비라는 인식이 확산되었고, 우산을 가지고 오지 않은 날 내리는 소나기는 불청객처럼 느껴지고는 한다.

정부에서는 우리나라가 물 부족 국가라고 하지만 빗물만 잘 관리하면 우리의 물 사정은 많이 풍요로워질 수 있다. 2011년 빗물의 총량은 약 1240억 톤이다. 이 가운데 517억 톤이 대기로 증발해 버리고, 나머지 723억 톤은 흘러 내려가며, 이 중에 바다로 흘러들어가는 것이 386억 톤이라고 한다. 바다로 흘러가는 빗물의 일부분만이라도 재사용한다면 물 부족 문제는 해결될 것이다. 빗물은 매우 귀중한 수자원인 셈이다.

우리 주변에서 물은 수도꼭지만 틀면 나오니 흔해 보이지만, 아직도 물이 없어서 생명을 잃는 제3세계 국가들이 엄연히 존재한다. 물이 공공재로서 누구에게나 공평하고 적당하게 사용되어야만 지금의 물 문제를 해결할 수 있을 것이다.

도쿄는 여름 장마가 지나고 10월까지 우기다. 찌뿌둥하게 가라앉은 날씨 때문에 마음이 차분해지다 못해 이제 저기압이다. 10월 첫날부터 내린 비가 일주일 이상 멈추지 않고 내리고 있다. 우리나라의 연평균 강수량은 1200밀리미터가 조금 넘는 것에 비해서 일본은 연간 400밀리미터가 더 오는 것이 실감난다.

비가 많이 내려서 그런 것일까? 일본인들은 비와 관련된 이야기도 많고, 조상들의 지혜를 살리려는 빗물 이용에 대한 노력이 눈에 띄게 보인다. 빗물을 생활 속에서 선도적으로 잘 활용하고 있는 빗물 도시가 도쿄에 있다. 바로 일본 최초의 빗물을 이용한 공공시설인 국립 스모 경기장 '고쿠기칸國技館'과 141개의 빗물 공공시설, '빗물 지도'가 있는 곳인 스미다 구이다. 스미다 구는 도쿄 도의 동부에 있는 인구 24만의 지자체이다. 도쿄 도의 대표적인 강인 아라 강과 스미다 강이 동과 서편으로 흐르고 대개발이 이루어지기 전에는 아름다운 수변을 가지고 있었던 지역이다.

이런 스미다 구가 빗물 도시가 된 계기에는 몇 가지가 있다. 먼저 스미다 강의 범람으로 인한 홍수 때문이다. 스미다 구는 원래 지반이 낮고, 홍수로 강이 범람하면 시내 중심가가 자주 침수되어 상가와 주택가가 많은 피해를 입었던 지역이다. 두 번째는 도쿄는 상수원이 150킬로미터 떨어진 다마 지역의 상류 댐에 의지하고 있기 때문에 물을 아끼고 절약해야만 생활할 수 있기 때문이다. 세 번째로 대지진과 자연재해가 많은 일본에서는 비상 시에 수자원과 대피소를 준비하는 것은 반드시 확보해야 하는 중요한 일이었다. 홍수로 인한 피해와 수자원의 중요성 때문에 스미다 구는 사후 대책보다 근본적인 해결책을 마련해야겠다고 계획하였다.

다른 도시들과 마찬가지로 스미다 구 도심부는 지면이 포장도로로 덮여 있어서 빗물이 토양으로 침투되지 않고 대기 중으로 증발되거나 하천과 바다로 대부분이 유출된다. 장마와 폭우 시기에 하천으로 유입되는 대량의 빗물이 하천의 범람을 일으키는 것이다. 도심부의 보수

스미다 구의 빗물 탱크

력保水力(물을 머금고 있는 힘)을 높이기 위하여 각 가정에 빗물 탱크를 마련하여 빗물을 일시적으로 저장해 하천으로 빗물이 유입되는 것을 지연시키고자 했다. 가정과 건물의 빗물 탱크에서 모은 빗물 이용에 대한 부분도 함께 고민하였다.

최근 기후변화의 영향으로 세계 각국에서는 국지성 집중호우와 같은 도시형 홍수가 많이 발생하고 있다. 대규모 시설과 주택에 집수 장치를 설치하는 것은 도시형 홍수 방지 대책으로서 주목받게 되었다. 처음에 스미다 강의 범람 방지 대책으로 시작된 스미다 구의 빗물 이용이 현재는 도시의 치수 계획 측면에서도 큰 역할을 하고 있다.

빗물 도시 스미다 구

빗물 도시인 스미다 구는 빗물을 어느 정도나 사용하고 있을까? 스미다 구에는 빗물 이용 건물이 141개 있다. 빗물을 이용하여 마을 만들기를 추진하고 있는 빗물 도시라는 별칭에 걸맞게 빗물 이용 건물 외에도 천수존天水尊, 로지손路地尊과 같은 빗물 탱크를 거리에서 쉽게 볼 수 있다. 스미다 구의 빗물 저장량은 다른 도시에 비해서 아주 높은 편이다. 스미다 구(전체 면적 13.75제곱킬로미터)의 141개 건물의 빗물 집수 저류조 용량은 1만 2527세제곱미터(2008년 4월 1일 현재)로 이것은 길이 25미터 수영장(약 275세제곱미터) 45개에 맞먹는 양이다.

스미다 구는 공공건물의 빗물 이용 외에도 도심 곳곳에서 빗물을 이용하고 있다. 스미다 구에는 빗물 이용과 관련된 빗물 지도라는 것

스미다 구의 로지손

스미다 구의 빗물 지도

이 있는데, 지도에는 빗물을 이용한 공공시설과 천수존과 로지손이 설치된 일반 주택과 길 350곳이 빼꼭히 표시되어 있었다.

천수존은 하늘에서 내리는 빗물을 존중하여 받아 놓는 곳이라는 뜻으로 0.5톤 정도의 빗물 저장 장치이다. 로지손은 마을 공동 빗물 이용 시설이며 18개가 설치되어 있고, 에도시대에 사용하던 마을 공동 수도 시설을 1980년대 후반부터 빗물을 모아 마을 사람들이 다시 사용하고 있다. 공공시설의 지붕에 내리는 빗물을 지하에 있는 10톤 저류조에 저장하여 생활용수는 물론 긴급 시 비상 용수로 사용하자는 의도로 만들어 놓은 빗물 이용 시설이다. 자연에게 부담을 주는 큰 댐보다는 천수존, 로지손이라는 이름의 작은 댐을 마을 곳곳에 설치한 것이다. 이렇게 마을에 작은 댐을 만들어 1년에 1만 2800톤의 빗물을 모아 내고 있는 것이 주민들의 참여에 의한 아름다운 실천이며 진정한 빗물 도시를 향한 증거일 것이다.

인근 주택의 지붕을 이용해 비를 모아 지하 탱크에 저장했다가 평소에는 길가 화단 용수로 사용하고 비상 시에는 소화 용수나 음용수로서 활용하는 용도로 사용하고 있다. 물이 있는 곳에 생명이 자라기 마련이다. 천수존이 있는 곳에는 시민들에게 생명이 피어 항상 아름다움과 향기를 전해 주고 있다.

스미다 구에는 빗물을 연구하는 전문 단체인 '빗물시민모임'이 있어 빗물 이용을 적극적으로 홍보하는 등 시민운동을 펼치고 있다. 1982년 일본스모협회가 국립 스모 경기장인 고쿠기칸 신축 계획을 발표하자 빗물시민모임은 이 건물을 빗물 이용 건물로 만드는 데 많은 노력을 기울였고, 결국 시민의 뜻을 관철시켰다.

1985년 스미다 구에서뿐만 아니라 일본에서 최초로 빗물 이용 건물인 고쿠기칸이 세워졌다. 새로운 고쿠기칸 8400제곱미터 면적의 지붕에서 흘러내리는 빗물을 모을 저장 탱크를 건설해 홍수 방지를 도모하는 것과 동시에 화장실 용수, 공기 조절 냉각 보급수로서 사용하는 원리를 도입하였다. 이후 일본에서는 공공 기관에 빗물 이용 시설을 적극적으로 도입하기 시작하였다.

스미다 구 청사도 1990년에 일본에서 13번째로 빗물을 이용한 공공시설로서 준공되었다. 1년간 4600톤의 빗물을 모으고 1천 톤 크기의 저류조에 항상 500톤을 채워 두고 빗물이 하천으로 유입되는 것을 조절하는 댐 역할을 하며 장마 시기를 대비한다. 모아진 빗물은 대부분

구 청사의 화장실 용수와 조경 용수로 사용하고 있다. 1년 동안 구 청사에서 사용되는 화장실 물의 약 44퍼센트(약 6500제곱미터)를 빗물로 조달하는 것이다.

스미다 구의 빗물 이용은 다른 지자체에게 많은 파급효과를 가져오고 1994년에 스미다 구에서 개최된 '빗물이용도쿄국제회의'가 계기가 되어 '빗물이용지자체담당자연락회'가 결성되었다. 현재 100여 개의 지자체가 참여하고, 빗물 이용 촉진이나 갈수·방재 대책 등의 정보 교환과 빗물 이용의 보급 촉진에 관해 활발히 협력하고 있다. 1995년도에는 스미다 구에 본부를 둔 빗물시민모임이 발족하여 '빗물 이용이 지구를 구한다'는 슬로건을 내걸고 빗물과 문화 연구, 빗물과 환경교육, 빗물 이용에 관한 국내외 조사 연구와 기술 개발, 정보 수집 등 다양한 활동을 전개하고 있다. 이것을 발단으로 오키나와, 마쓰야마, 가

스미다 구의 벽면 녹화

가와, 교토 등 여러 곳에서 빗물시민모임이 시작되었다.

빗물을 이용한 건물들도 계속 늘어나고 있는데 대표적인 곳으로는 도쿄돔야구장, 후쿠오카돔야구장, 사이타마스타디움과 같은 대형 체육 시설과 학교·관공서와 같은 공공시설, 아파트와 같은 공공 주택에도 빗물 이용 시설이 들어서고 있다.

스미다 구는 빗물 도시로도 유명하지만 다른 구에 비해 녹지 비율이 낮아 옥상 녹화와 벽면 녹화 등과 같은 인공 지반 녹화 정책을 적극적으로 추진하고 있는 지자체이기도 하다. 개인 주택의 옥상 녹화를 유도하기 위해서 구청 건물 옥상에 2002년부터 24개의 조경 회사가 시공한 옥상 녹화 견본장을 설치하여 주민에게 홍보하고 있으며, 2003년부터는 구청 옆 건물인 자전거 주륜장駐輪場(자전거를 세워 두는 공공시설)에 벽면 녹화 견본장을 운영하고 있다. 옥상 견본장에서 사용하는 물은 바로 빗물이며, 그 덕분에 옥상 지면 온도가 8도 이상 내려가는 효과를 가져왔다.

마을과 지역에서의 빗물 이용

이제 일본에서 빗물을 공공시설이나 개인 주택에 이용하는 것은 대중화된 환경 실천이 되었다. 일본 국토교통성의 2010년 자료를 보면 소규모 빗물 이용 시설은 시민들의 자발적 참여도가 높아 총 3424곳이 설치되어 있다. 서울은 2007년부터 설치비를 지원했음에도 소규모 빗물 이용 시설은 단독·다가구주택, 종교 시설 등 83개소에 불과하다.

스미다환경체험관의 빗물 탱크

　빗물 운동은 마을 만들기 사업 외에도 환경교육 측면에서도 활용되고 있다. 2001년에는 폐교를 이용하여 '스미다체험박물관'을 환경교육의 거점으로 개관하였고, 그 공간 일부에 세계 최초로 빗물 자료실을 만들었다. 빗물시민모임에서 기획하고 제작하였는데 일본과 세계 도시의 빗물 이용 사례를 소개하고 있을 뿐 아니라, 빗물과 생명 문제, 빗물과 일본 문화, 빗물과 시민 생활 등 가까운 곳에 빗물이 있다는 것을 배울 수 있는 장소이다.

　스미다 구는 빗물 이용을 활성화하기 위해서 제도적 뒷받침을 하고 대중화시키는 것이 관건이라고 생각하였다. 빗물 이용을 활성화하기 위하여 1995년에 '빗물시설조성제도'와 같은 조례를 만들었고, 빗물 이용 지침서 마련과 빗물 자료관 설치, 빗물 탱크 용량에 따라 개인 주택에 최대 100만 엔까지 보조금 지원도 하고 있다. 빗물을 이용하는 것은 새로운 수자원을 개발하는 것이며, 생태계의 순환 원리를 회복하자는 것이 스미다 구의 빗물 이용에 대한 철학이다.

일반 가정에서 빗물을 이용할 때 몇 가지 유의할 점을 생각해 보자. 첫째, 비를 모으는 장소는 지붕과 옥상에서부터 해야 한다. 비교적 오염이 덜 된 지붕 면에서 비를 모으는 것이 원칙이다. 지붕에서 내려오는 비를 관을 통하여 탱크로 모으는 것이다. 홈통의 안쪽으로 내려오면, 낙수관 도중에서 간단히 빗물을 꺼낼 수 있다. 둘째, 빗물 탱크는 외부로부터 차단되어 있어서 햇볕과 각종 벌레, 쓰레기, 먼지가 들어오는 것을 막을 수 있어야 한다. 탱크 밑바닥의 침전물을 제거하는 것도 필요하다.

빗물을 그대로 이용했을 때 산성비로 인해 건강에 이상이 없는가

스미다 구의 빗물 탱크

에 대한 질문이 많다. 산성비의 원인은 질소산화물이나 유황 산화물 등의 대기오염 물질이다. 대도시는 pH 4에 가까운 강한 산성우가 내릴 때도 있다. 그러나 모은 빗물은 전체로서는 약산성에서 알카리성으로 조경 용수나 화장실, 설거지용으로 그대로 사용해도 문제없다.

빗물로 생활용수를 어느 정도 사용할 수 있을까? 빗물을 화장실용, 세척용, 청소용, 설거지용으로 사용할 수 있다. 화장실 변기는 1회당 약 12리터(절수형은 약 5리터)를 소비하고, 4인 가족인 경우 1일 약 200리터 정도의 물이 필요하다. 따라서 빗물만으로 화장실용, 부엌용 물을 사용한다면 탱크 용량은 적어도 2톤에서 3톤 이상 필요하다. 600리터 정도의 탱크라면, 연간 화장실용 물의 30퍼센트 정도는 조달할 수 있다.

빗물과 지속 가능한 사회

빗물 활용은 자연이 주는 은혜를 활용하는 것인데 강우량이 현저히 적거나 상하수도 기반 시설이 갖추어 있지 않은 나라에서는 빗물은 오아시스와 같은 역할을 하고 있다. 빗물 활용에 대한 각국의 다양한 사례가 있다. 몇 가지 사례를 알아보자.

하와이 와이키키 시의 주택 지역에서는 100여 채의 개인 주택에서 빗물을 이용하고 있다. 어떤 가정에서는 30톤 크기의 거대한 목제 탱크에 빗물을 모으고 있으며, 20년간이나 빗물을 데워서 만든 빗물 온천도 있다. 파푸아뉴기니의 한 호텔 객실 냉장고에는 '생수 대신 신선한 빗물'이라고 씌어진 빗물로 만든 음료가 들어 있다.

중국 산시 성 촌락의 민가에서는 지붕에 내린 빗물을 집수하여 지하에 빗물 탱크를 설치하였는데, 탱크 용량은 20~30톤 규모이다. 황하 유역의 간쑤 성에서는 1995년부터 약 28만 개나 되는 빗물 탱크가 설치되었다. 이곳에서는 지붕뿐만 아니라 평지에도 집수 장치가 설치되어 있다.

'인간이 거주하는 가장 건조한 대륙'으로 불리는 호주 남부 지역은 연평균 강수량이 우리나라의 절반도 안 되는 500밀리미터에 불과하다. 도로와 지붕 등 도시에 쏟아지는 빗물은 흘려보내기 아까운 자원이다. 호주의 상수도 시설이 보급되지 않은 지역에서는 빗물이 상수원 역할을 하기도 한다. 호주의 남부 섬에는 주택 지붕에 빗물 집수 장치와 태양광발전 장치가 대부분 설치되어 있다. 또한 호주에 있는 자란바 공동체에는 상하수도 시설이 없어 빗물을 정화하여 배수지의 상수원으로 사용하는 것이 의무화되어 있다. 각 가정에서도 100갤런(약 5천 리터)의 빗물 탱크를 2개 설치해서 빗물을 모으고 있다. 빗물을 음용수와 농수로 사용하기도 하며 생활하수는 박테리아를 이용하여 토양 속의 자갈로 이루어진 정화 장치를 통해 재활용 탱크에 모은다. 정화 과정을 거친 물은 화장실이나 과수에 물 주는 데 사용하기 때문에 세탁과 설거지를 할 경우에는 화학물질을 사용하지 않는다. 집수 → 정화 → 재활용이라는 시스템을 이용하여 빗물을 하나도 버리지 않는 것이다.

우리나라에도 빗물 도시를 추진하는 지자체들이 있다. 수원시는 2013년 물순환 빗물 도시 구현을 위한 레인 시티Rain-City 추진 계획의 일환으로 '물 재이용 관리 계획 수립' 용역을 실시하고, 고가 차로 하부 화단에 빗물을 이용한 급수 시설을 설치한다는 방침이다. 수원시는 2012년부터 일반 가정에 보조금을 지원해 '빗물 저금통 사업'을 벌이고 있다.

서울시에서도 빗물 이용 정책을 적극 펼치고 있다. '빗물 저금통'은 지붕에 내리는 빗물을 관로를 이용해 저류조에 모았다가 필요할 때 사용하는 일종의 물 관리 장치다. 2012년 말 일반 가정의 신청을 받아 설치비 500만 원 중 90퍼센트(450만 원)를 시 예산으로 보조해 주고, 12곳에 빗물 저금통을 설치했다. 빗물 저금통은 지붕에 내린 비를 저류조와 연결하는 관으로, 처음 내리는 5밀리리터 정도의 비를 배출시키는 초기 우수 배제 장치, 저류조, 밸브 등으로 구성돼 있다.

하늘에서 내리는 빗물이 바다나 하천으로 그대로 흘러들기만 하는데, 활용만 제대로 한다면 도시의 수돗물 절약에 일조할 것으로 보인다. 스미다 구에는 "멀리 있는 댐보다 가까운 빗물"이라는 말이 있다. 빗물 저장고는 우리 마을의 작은 댐 역할을 할 수 있다는 데서 기인한 말이다. 서울에서 연간 사용되는 수돗물의 양을 상회하는 만큼 비가 내린다. 그것을 버리지 말고 유효하게 이용하는 것이 물을 아끼는 것이다. 작지만 수많은 빗물 저장고는 거대한 댐보다 중요한 자원이다. 요즘 같은 수자원이 중요한 시기에 빗물을 이용한 생활 주변의 작은 아이디어로 지속 가능한 도시를 만들어 미래 세대에게 물의 중요성을 알려 주는 것이 중요하다.

교토 미야코에콜로지센터의 빗물 탱크

미나마타 역

구마모토熊本 현 미나마타水俣 시
미나마타, 환경 모델 도시로 거듭나다

미나마타 시를 찾아서

"반갑습니다. 미나마타 시에 오신 것을 환영합니다."

고등학교에서 학생을 가르쳤고, 퇴직하고 구마모토현환경센터에서 자원봉사를 하고 있는 마쓰다 씨가 우리 일행을 반갑게 맞이했다. 미나마타 시는 우리나라 교과서에도 소개된 바 있는 미나마타병의 발병지이다. 이제는 공해 도시에서 환경 모델 도시로 탈바꿈을 하고 있는 미나마타 시는 미나마타병에 관한 시설을 통해 세계인들에게 환경문제의 중요성을 전하고 있었다.

구마모토현환경센터는 1993년 건립되어 구마모토 현 주민들에게 미나마타병과 환경문제에 대해서 알려 주고 있다.

구마모토현환경센터 옆에는 미나마타병자료관, 국립미나마타병총합연구센터 등 환경 관련 시설이 함께 모여서 미나마타병과 같은 공해병

미나마타병 피해자 추도식

을 연구하고, 환경문제의 심각성을 국내외에 알리는 역할을 하고 있다.

구마모토현환경센터에는 환경 모델 도시인 미나마타 시의 활동과 지구 환경문제에 대한 다양한 체험 학습을 할 수 있는 내용들로 가득 차 있었다.

옆 건물인 미나마타병 자료관도 둘러보았다. 이 자료관 입구에는 '미나마타병을전하는모임'의 사진이 벽면에 전시되어 있다. 미나마타병 피해자 중에서 미나마타병의 실상을 전해 주는 메신저 역할을 하는 분들이었다. 이외에도 책 4천 권, 신문 기사 5만 건, DVD 500장 등의 각종 자료와 미나마타병이 소개된 교과서와 논문 등으로 가득 차 있다. 1993년 개관하여 현재 70만 명이 다녀갔다는 안내판도 보인다.

미나마타병자료관은 일본과 세계에서 온 사람들이 미나마타병에 관한 강연을 들을 수 있고 자료를 찾아볼 수 있도록 만든 곳이다. 그곳에는 여중생이 미나마타병을전하는모임 사람들의 강연을 듣고 보낸 편지가 남아 있었다.

　미나마타에서 그날 들었던 이야기가 아직도 마음속에 남습니다. 나가모토 씨는 마음이 무척 강해 보였습니다. 태어날 때부터 태아성 미나마타병으로 많은 고생을 한 이야기를 들으니 눈물이 났습니다. 미나마타병 환자들이 그렇게 고생을 했으리라고 생각을 못 했습니다. 나 자신이라면 어떻게 살았을까 상상해 봅니다. 또 다른 것은 미나마타병 환자들이 가지고 있는 긍정적인 사고방식입니다. 매일 재활 훈련에 지쳤을 텐데도 병을 이겨 내는 모습이 참으로 훌륭하다고 느꼈습니다. 이번 방문을 통해 느낀 점을 토대로 10월 축제에서 미나마타병에 관한 연극을 선보일 예정입니다. 많은 사람들에게 미나마타병에 관해서 전달하겠습니다.

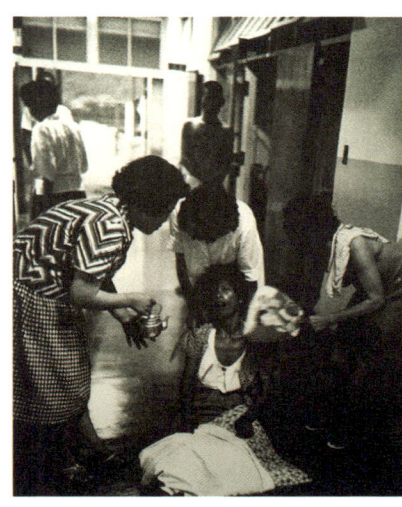
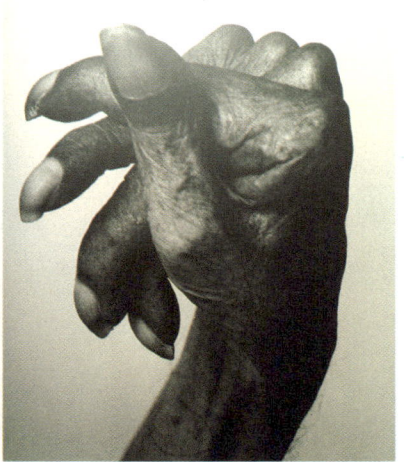

미나마타병으로 인한 피해

공해병의 대명사인 미나마타병에 대한 두 가지 추억이 있다. 첫째는 체육 교과 시간에 밑줄 쳐 가며 '수은중독=미나마타병'이라는 명제를 공식처럼 외웠던 기억이 있다. '이타이이타이병'과 더불어 체육 시험의 단골 시험문제였다. 두 번째는 1995년 우리교육 출판사에서 펴낸 《미나마타의 붉은 바다》를 통해서였다. 그 책은 우리에게 미나마타병 피해자들의 이야기를 사실적으로 알려 주었고, 주변 교사들과 아이들이 가장 많이 사용했던 환경 교과서였다. 미나마타병은 일본뿐만 아니라 세계적으로 먹이사슬에 의해 환경오염이 생겨난 인류 최초의 공해병이며 공해의 원점이라고 불리기도 한다.

미나마타 시는 규슈 지방의 최남단인 가고시마 현에 접해 있고 서쪽은 시라누이 해에 접한 인구 3만의 아름다운 어촌 마을이었다.

"고양이가 바다에서 날아오르고 있어요. 새들이 날다가 갑자기 떨어지는 모습을 봤어요!"

짓소 회사(신일본질소주식회사)는 1908년 미나마타에 공장을 설립했다. 짓소 회사는 화학비료를 생산하면서 일본 내 굴지의 화학 공장으로 성장하였다. 1952년 미나마타 시 바닷가에서 동물들이 보인 이상 행동을 동네 주민들이 발견하기 시작했다. 그다음 해에는 주민들의 손발이 뒤틀리는 등 중추신경계 이상 증세가 나타났다. 이 증상이 짓소 회사 공장에서 나오는 수은에 의한 것으로 밝혀졌다. 짓소 회사는 얼마 되지 않는 위로금으로 주민과의 분쟁을 해결하려 하였고, 정부는 미나마타 지역에 대한 추가적인 조사나 정화·보상 등을 제대로 하지 않았다. 이 병의 존재가 공식 확인된 것은 1956년이다. 그러나 일본 정부는 1968년에 가서야 이 병이 수은중독으로 인한 것임을 인정했다.

그 사이 시민들은 이 병을 괴질로 생각해 어민과의 접촉을 꺼렸고, 지역 경제 침체를 우려해 어민들의 시위에도 불만을 표시했다.

아직도 멈추지 않은 미나마타병

미나마타병에 관해 지역 주민으로부터 생생한 이야기를 들을 기회를 가졌다.

"정말 아름다운 바다이지요. 지금은 원래 시라누이 바다의 색깔을 찾았습니다. 하지만 아직도 피해자들은 고통을 받고 있습니다."

우리 일행을 안내한 NPO 법인 '간시라누이플래닝'의 요시나가 도시오 대표는 시라누이 바다를 바라보면서 말하였다.

간시라누이플래닝은 미나마타병에 대한 환경 학습 안내를 전문적으로 하는 활동을 하고 있다. 이 단체 대표의 부인도 미나마타병의 피해자 가족이었다. 우리는 미나마타병 피해자인 요시나가 리미코의 이야기를 들을 수 있었다. 그녀는 미나마타병을전하는모임의 회원으로, 많은 사람에게 미나마타병의 피해와 환경문제를 전달하는 역할을 한다.

"미나마타병은 아직도 보상 문제가 완전히 해결되지 않았습니다. 미나마타병에 대한 시선 때문에 미나마타 시 출신이라는 것을 숨기는 젊은이들이 많이 있어요. 전염병으로 알고 있는 사람도 많지요."

미나마타병이 발생한 지 60년이 넘었지만 아직도 넘어야 할 산이 많아 보였다. 지금도 피해자들은 발병에 대한 정부 보상과 진실을 알리기 위한 여러 가지 활동을 지속적으로 벌이고 있었다. 그중 한 곳이 '미나마타역사고증관'인데 미나마타병의 피해와 공해 문제를 알리기 위해 만든 시민 박물관이다. 시민들의 성금으로 설립된 시설에는 그 당시의 피해 사진과 집회 도구, 미나마타병의 진실에 관한 자료들이 전시관 안을 가득 채우고 있었다. 이 시설의 엔도 구미오 관장은 수십 년간 이 병의 피해를 알리고 보상 문제를 해결하기 위해 운동을 펼치고 있었다.

미나마타병을 처음으로 발견한 사람이 누구인지 궁금했다.

"1956년 5월 1일에, 짓소부속병원의 호소카와 병원장이 지금까지 볼 수 없었던 새로운 병을 미나마타보건소에 처음으로 보고하면서 세상에 알려지게 된 것이지요."

환자가 가장 많이 발생한 시기는 1950년대 후반인데, 어떤 조사에 의하면 1953년부터 1976년까지 발생이 이어졌다고 한다.

미나마타병은 전염병이 아닌 유기수은 중독으로 유기수은을 포함한 어류를 먹어서 발병하는 식중독이기 때문에 물고기를 먹은 사람만이 미나마타병에 걸린다.

미나마타역사고증관의 전시물

미나마타병의 피해자인 요시나가 리미코가 강연하는 모습

일본의 4대 공해병은 미나마타병, 니가타 미나마타병, 이타이이타이병, 욧카이치四日市천식이다. 공해병의 가장 큰 공통적인 특징은 피해자에게 책임이 없다는 것이다. 공해병은 피해자의 수가 많고 피해 지역이 넓다. 가해자가 강자이다. 또한 해결하기까지 오랜 시간이 걸린다.

당시 인정된 미나마타병의 피해자는 111명인데 피해자 중 47명이 사망했고, 현재 보상을 받고 있는 피해자와 미인정 피해자를 합치면 총 2만 7천여 명에 이른다.

이렇게 큰 피해를 남긴 수은에 의한 해양오염을 어떻게 복원시켰는지 물었다.

"1932년부터 1967년까지 36년간 바다에 쌓인 수은의 총량은 200톤에 달했습니다. 그러나 수은은 자연적으로 정화되지 않기 때문에 일본 정부는 1975년 특별히 오염이 심한 45만 평의 바다 바닥에서 흙을 파내고, 그 후 16년 동안 50억 엔의 비용을 들여 특수 강철판을 깐 매립지에 흙을 옮겨 담았습니다."

엔도 관장은 신념에 찬 목소리로 미나마타병에 대해서 자세히 들려

주었다. 오래된 낡은 사진 속에서 그 당시의 처참함과 치열함을 느낄 수 있었다. 엔도 관장과의 만남을 뒤로하고 미나마타병 위령비가 세워진 겨울 바다로 향하였다.

미나마타병 위령비가 세워진 것은 미나마타병 공식 인정 50주년을 맞는 2006년 봄이 되어서였다. 시라누이 겨울 바다에서 불어오는 찬바람을 맞으며 314명 영혼들의 위령비는 매립지를 바라보면서 쓸쓸히 서 있었다. 우리 일행도 희생자들을 추모하여 고개를 숙였다.

미나마타 시는 이제 변화하고 있었다. 공해 도시의 오명을 벗기 위해 환경 모델 도시 신청도 하고, 각종 환경 관련 시설도 도입하고 노력하는 모습이 엿보였다. 하지만 한번 엎어진 물을 쓸어 담기는 불가능한 일이다. 시민 단체들과 피해자들은 아직도 진실 규명과 피해자 구제를 위해 노력하고 있다.

미나마타병에 대한 이야기를 들으면서, 행정이나 기업의 부주의함으로 일어나는 환경 피해가 우리나라에서도 계속 벌어지고 있기 때문에 그냥 넘길 수가 없었다. 환경법은 기업이나 정부에게 유리하게 움직이고, 피해자는 사회적 약자로서 일방적으로 피해를 받는다는 것이 문제이다.

2007년 발생한 '삼성1호-허베이스피릿호 원유 유출 사고'의 생태계 피해는 심각했다. 2007년 12월 7일, 서해에서 정박 중이던 홍콩 선적 허베이스피릿호 유조선을 삼성 소속 해상 크레인이 들이받는 사고가 발생했다. 순식간에 원유 1만 900톤이 유출되면서 태안 지역 해안 70여 킬로미터와 해수욕장, 섬은 모두 검은 띠로 뒤덮였다. 어민이 대부분인 주민은 일터를 잃었고 생태계는 파괴됐지만 주민들의 손에 쥐어

미나마타역사고증관의 엔도 구미오 관장

진 돈은 단 몇 푼뿐이라고 한다. 주민들의 피해 보상 청구 건수는 2만 8천여 건이었고, 검증한 건수는 71퍼센트에 달했지만 피해 인정은 3500여 건에 지원액은 청구액의 3.3퍼센트에 불과했다. 기름 유출로 인하여 해양 생물과 지역 주민에게서 2차 피해도 나타나고 있다.

공해와 환경오염으로 인한 주민과 생태계 피해 사건은 한국과 일본뿐만 아니라 세계 각지에서 끊임없이 발생하고 있다. 아직도 이익에 눈이 먼 일부 악덕 기업과 행정기관의 판단 착오 때문에 많은 환경오염 사건들이 애꿎은 생태계와 지역 주민의 삶을 위협하고 있다.

어쩌면 더욱 큰 문제는 우리의 생활양식이 대량생산, 대량 소비, 대량 폐기로 더욱 빠르게 나아가고 있고, 우리의 욕망들이 더 크다는 것인지도 모른다. 이러한 의식의 변화 없이는 계속 개발하게 될 것이고 생명을 경시하는 환경 파괴가 꼬리를 물어 환경문제를 계속해서 야기할 수 있다.

미나마타 시의 시라누이 바다가 푸른 빛깔을 되찾기까지 미나마타 시민이 겪은 고통과 아픔을 우리가 교훈으로 삼아야 할 것이다.

도쿄 시내의 아파트 자전거 주륜장

도쿄東京 도 고가네이小金井 시
달려라, 자전거

도쿄에서는 자전거 없이 생활하기가 불편하다. 일본에서 4년간 자전거를 타고 생활하다 보니 자전거는 내 몸의 일부처럼 되어 버렸다. 기숙사에서 연구실까지 가는 것 말고도 자전거가 있어야만 할 수 있는 일들이 많이 생겼는데, 특히 물건을 사러 나갈 때면 자전거가 무척 요긴했다. 그동안 한국에서 10년 넘게 자가용으로 출퇴근하다가 이렇게 자전거를 타고 다니다 보니 좋은 점이 많았다.

자전거를 타고 다니다 보니 세상이 참 잘 보인다. 주변 사람 모습과 풍경을 온몸으로 느낄 수 있기 때문이다. 한번은 동네 골목길을 달리다가 이 집 저 집 피어 있는 수선화와 서향나무의 밝은 웃음에 잠깐 멈춰서 어느 집 화단의 꽃이 예쁘게 피었는지 혼자서 셈을 한 적도 있다. 고가네이공원으로 가는 길에서 만나는 녹나무와 비파나무, 호랑가시나무, 동백나무의 운치와 향기 또한 자전거를 타고 달려 보지 않은 사람은 그 느낌을 모를 것이다.

건강에도 도움이 된다. 내 몸의 건강은 말할 것도 없거니와 사회의 건강성을 되찾는 데도 큰 역할을 한다. 물건을 사러 가더라도 자동차를 이용할 경우 필요 이상으로 물건을 사는 경우가 허다하지 않은가. 도쿄에서는 주부들이 자전거에 아이들을 태우고 장을 보러 가는 모습을 흔히 볼 수 있다. 그래서 물건도 뒷좌석에 싣거나 핸들에 끼워서 가져갈 만큼만 산다. 도로 문제는 어떤가. 걷기에는 좀 멀지만 그렇다고 차를 타고 가기에는 가까운 곳을 가야 할 경우 너도나도 자동차를 이용하면 도로가 항상 교통 체증으로 몸살을 앓게 된다. 하지만 많은 사람들이 자전거를 이용하면 상황은 완전히 달라진다.

"그대가 전해 준 기분 좋은 이 피곤은 지친 나를 오히려 깨워 줘. 매일매일 스쳐 지나던 우리 동네 골목길 너와 함께라면 신기하게 전혀 새로운걸."

델리스파이스의 〈달려라 자전거〉 노래 가사가 새삼스레 가슴 깊이 와 닿지 않는가.

거대한 도시 도쿄, 자전거 도시를 꿈꾸다

자전거가 7천만 대 넘게 보급돼 있는 일본에서는 어디서나 자전거 타는 사람들을 흔히 볼 수 있다. 순찰 자전거를 타고 다니는 경찰관의 모습이나 정장을 차려입고 자전거를 타고 출근하는 회사원들의 모습도 그리 낯설지가 않다.

특히 가난한 유학생들에게 자전거는 없어서는 안 될 보물 1호다. 버

자전거에 아이를 태우고 가는 여성

스 요금이 비쌀뿐더러 거리 할증제라서 정류장을 지날 때마다 요금이 오르니 버스 타기가 부담스러울 수밖에 없다. 물론 택시는 요금이 엄청 비싸서 타 볼 꿈도 꾸지 못한다. 상황이 이렇다 보니 일본에서 자전거는 레저 스포츠용이 아닌 생활필수품인 셈이다.

일본에서 자전거가 이토록 생활에 깊숙이 파고든 데는 정부의 노력이 컸다. 1964년 도쿄올림픽 이후 신칸센 등의 대규모 대중교통 시설이 정비되면서 역이나 터미널 등을 중심으로 한 근거리 교통수단으로 자전거가 등장했다. 이에 일본 정부는 1970년 '자전거도로정비법'을 제정하는가 하면, 1980년에는 철도 기관과 사기업에 자전거 보관 공간을 확보하도록 하고, 자치구별로 자전거에 등록 번호를 교부하여 관리에 활용하는 등 자전거 이용 활성화에 노력을 기울였다.

일본도 1999년에서 2005년까지 자전거 이용 환경을 개선하기 위해 노력하는 30개 지자체를 선정해 지원하는 '자전거 시책 선진 도시 조성 사업'을 추진해 자전거 이용 문화 확산에 기여하였다. 한편 국토교

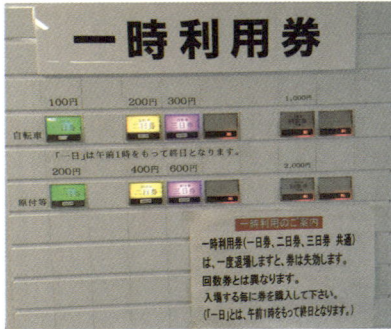

전철역 앞 자전거 주륜장

통성과 경찰청이 2008년 1월에 자전거 통행 환경 정비 모델 지구를 전국의 98지구에 지정하고 사업을 실시해 왔다.

 자전거 시책 선진 도시 중 하나인 아이치 현 나고야 시에서는 2001년 봄부터 직원의 교통 수단이 자전거인 경우 지원액을 2천 엔에서 2배인 4천 엔으로 증액한 반면, 자동차의 경우에는 반으로 삭감하여 1천 엔으로 조정하였다. 환경 도시를 목표로 근거리 교통 수단을 자동차에서 자전거로 전환하기 위해서다. 자전거 통행량이 많은 인도도 화단이나 바닥 색으로 자전거 도로와 보행자 보도를 구분 짓는 공사를 진행했다.

도쿄에서의 자전거 이용 형태는 '바이크&라이드' 형이다. 목적지까지 가기 위해 일단 버스나 전철을 타고 정류장이나 역까지 가서 자전거로 바꿔 타고 가거나, 반대로 자전거로 역이나 정류장까지 가서 대중교통을 이용해 목적지까지 가는 방식이다. 물론 아예 목적지까지 자전거로만 이동하는 사람도 많다. 대개 5킬로미터 이내의 단거리를 이동할 때이지만 말이다.

지구를 행복하게 하는 물건, 자전거

지난 2009년 6월, 녹색연합에서 펴내는 잡지 《작은것이 아름답다》 창간 13주년 특별호에 '지구를 행복하게 하는 13가지 물건들'을 소개한 글을 읽은 적이 있다. 생태 지도, 상자 텃밭, '느린 옷', 흙벽돌, 자전거, 식초, 빗물받이, 태양전지, 공정 무역 설탕, 컵, 장바구니, 초, 재생 종이가 그 물건들로 꼽혔다. 13가지 물건 모두 녹색 지구를 위해 꼭 필요한 아름다운 물건일 것이다. 그중에서도 자전거는 에너지 문제로 위기를 맞는 우리들에게 무척이나 중요한 교통수단이다. 자전거는 화석연료를 전혀 사용하지 않으며, 온실가스와 대기오염 물질을 배출하지 않는다. 자원을 무한 소비하는 소비사회에서 자전거는 생명의 속도계를 조절하는 주요한 조정 수단이다.

한국교통연구원 자료(2005년)에서 교통 부문별 이산화탄소 배출량을 살펴보면 자가용 자동차가 54.1퍼센트, 화물차가 30.2퍼센트, 그 외에 철도와 항공, 선박 순이다. 자전거는 이산화탄소를 전혀 배출하지 않는다. 편리함 때문에 갈수록 자동차 이용은 증가하고 있고, 그 덕택에 이산화탄소 배출량이 증가하고 있다.

서울환경운동연합은 2007년부터 '자전거로 이산화탄소 다이어트' 캠페인을 진행했다. 2007년 당시 이 캠페인에 참여한 사람은 1570여 명에 이른다. 그 결과 자동차 대신 자전거를 이용함으로써 공기 중에 배출될 뻔한 이산화탄소를 줄인 양이 1년 동안 약 10만 4361톤으로, 이는 30년생 낙엽송 6067그루가 1년간 흡수할 수 있는 이산화탄소의 양이다.

한국교통연구원의 자료에 의하면 우리나라는 1990년부터 5년에 한 번씩 교통수단 분담률 조사를 진행하고 있다. 교통수단 분담률은 모든 교통수단 가운데 개별 교통수단의 이용 횟수를 말한다. 우리나라의 자전거 교통수단 분담률은 1990년 3퍼센트, 1995년 1.8퍼센트, 2000년 1.3퍼센트, 2005년 1.2퍼센트, 2010년 2.16퍼센트로 외국에 비해서 전반적으로 낮은 편이다. 우리나라 전체에서 모든 교통수단 중 자전거를 이용하는 비율은 2.16퍼센트이고, 시도별로 자전거 교통수단 분담률을 분석한 결과 경북이 3.36퍼센트로 가장 높고, 부산이 1.07퍼센트로 가장 낮았다(평일 하루 통행 기준). 또한, 행정안전부에서 지정한 자전거 이용 10대 거점 도시 자전거 교통수단 분담률을 분석한 결과, 자전거 교통수단 분담률이 가장 높은 도시는 충북 증평군(4.93퍼센트)이고, 가장 낮은 도시는 충남 아산(0.80퍼센트)으로 나타났다. 우리나라 총 자전거 보유 대수는 약 620만 대인 것으로 추정되었고 시도별로 자전거 보유율을 분석한 결과 서울, 충북, 경북 순으로(150대/1

시도별 자전거 교통수단 분담률(단위:%, 2010년)

서울	부산	대구	인천	광주	대전	울산	경기	강원	충북	충남	전북	전남	경북	경남	제주	전국
2.58	1.07	3.00	1.74	1.54	2.11	2.34	1.74	1.86	2.19	1.75	3.24	2.11	3.36	2.41	1.12	2.16

천 명) 높았고, 부산(60대/1천 명)이 가장 낮았다. 광역 자치단체의 자전거 교통수단 분담률도 1990년부터 2005년까지는 대폭 감소하고 있는 실정이다. 2005년 기초 자치단체의 경우 상주시(경북) 13.1퍼센트, 남원시(전북) 8.3퍼센트, 거제시(경남) 7.6퍼센트, 영암군(전남) 7.4퍼센트, 강서구(부산) 7.2퍼센트 등이 높은 수준을 나타내고 있다.

세계는 지금 자전거 물결

세계 최고의 자전거 교통수단 분담률은 자전거의 나라로 알려진 네덜란드가 27퍼센트이다. 네덜란드 그로닝겐 등 자전거 이용이 활성화된 도시들에서는 35~40퍼센트이며 그 외 도시들에서도 15~20퍼센트이다. 유럽에서 자전거 도시로 명성이 높은 인구 56만인 덴마크 코펜하겐은 1910년대부터 자전거 도로가 존재했고, 자전거 교통수단 분담률은 36퍼센트에 달한다고 한다(한국 1.2퍼센트). 자전거와 대중교통수단의 호환성을 증진시키기 위해서 자전거 동반 승차를 허용하고 자전거 보관소와 자전거 공영제를 시행하고 있다.

프랑스 파리는 교통 지옥으로 유명한 도시이다. 심각한 교통 문제를 해결하기 위해 시도한 제도가 공영 자전거 제도인 벨리브Velib이다. 벨리브는 프랑스어로 자전거라는 뜻의 '벨로velo'와 자유롭다는 뜻의 '리브르libre'를 합성하여 만든 말로, 벨리브는 말 그대로 자전거로 자유롭다는 뜻이다. 파리 시내 1500여 곳에 자전거 2만 대와 무인 등록기를 설치하여 회원으로 가입한 이용자들이 필요한 곳에서 자전거를 빌려 타고 목적지에서 자전거를 반납할 수 있는 제도이다.

이용자들이 자전거를 빌린 역과 반납하는 역이 달라도 상관이 없고, 모든 시스템은 무인 등록기를 통해서 이루어진다. 보통 얼마의 보증금을 내고 1일, 일주일, 1년 정기권을 구입할 수 있는데, 30분간은 무료, 30분 이상은 이용 시간에 따라 추가 요금을 내고 이용한다. 파리의 벨리브는 한 달에 평균 150만여 명이 사용하는 등 시작 1년이 채 되지 않아 이미 성공 사례로 자리 잡으며 외국의 여러 도시에서 앞다투어 벤치마킹을 하고 있다.

주요국의 자전거 이용 현황(2007~2008년)

국가	교통수단 분담률	자전거 보유율	국가	교통수단 분담률	자전거 보유율
네덜란드	27	1.11	영국	2	0.40
덴마크	19	0.83	오스트리아	9	0.40
독일	10	0.77	이탈리아	5	0.45
벨기에	8	0.50	일본	14	1.5
스위스	9	1.9	프랑스	5	0.34
스웨덴	7	0.67	한국	1.2	6.9

출처 : 《성인을 위한 자전거 Q&A》, 행정안전부   단위 : %

바이콜로지를 알고 계시나요?

바이콜로지bicology는 자전거를 안전하고 쾌적하게 이용할 수 있는 환경을 만들자는 운동이다. '자전거bicycle'와 생태학을 뜻하는 '에콜로지ecology'의 합성어다. 1971년에 미국에서 제창되었고, 자전거를 이용함으로써 대기오염과 같은 공해를 방지하자는 취지의 시민운동으로 시작되었다.

대기오염과 소음의 근본적 원인인 자동차 대신 자전거를 이용함으로써 대기오염과 소음 공해에서 환경을 보호하고 인간성을 회복하기 위한 친환경적이고 생태학적인 운동이나 사상을 일컫는다. 1971년 개인적 차원에서 미국의 두 청년에 의해 시작되었다가 나아가 공해 추방 시민운동으로 확대되었다.

일본에서는 1972년에 안전하고 쾌적하게 자전거를 탈 수 있는 환경을 만들자는 슬로건을 내걸고 21개 자전거 시민단체가 '바이콜로지를 추진하는모임'을 설립하고 현재까지 운동을 전개하고 있다. 1981년 5월 '자전거 안전 이용 촉진 및 자전거 주차장의 정비에 관한 법률(자전거기본법)' 제정을 기념해서 매년 5월을 '자전거의 달', 5월 5일을 '자전거의 날'로 정하였다.

자전거는 배기가스, 이산화탄소 등을 배출하지 않고 석유 등의 화석연료를 소비하지 않으며 건강 증진이나 스트레스 해소에 도움이 되는, 지구 환경을 위한 좋은 교통수단이다. 이렇게 다양한 장점을 가지고 있는 자전거를 안전하고 쾌적하게 이용할 수 있는 환경 만들기를 진행함으로써 자연환경을 지키고 인간미 넘치는 사회를 구축하는 것

도서관 자전거 주륜장

을 목표로 하는 것이 '바이콜로지 운동'이다.

　유럽과 일본의 많은 도시에서는 한때 승용차에 밀려 거리에서 사라졌던 자전거가 1980년대 들어 그 가치를 다시 인정받고 있는 것과 같이 우리나라도 지속 가능한 도시를 만들기 위해서는 자전거가 지닌 실질적인 가치를 재인식하고 행정적인 뒷받침을 하는 것이 그 어느 때보다 중요한 시점이다. 행정기관에서 자전거를 우선시하는 도시교통 정책을 수립하고 시행하여 어린이와 시민이 맘껏 녹색 교통수단인 자전거로 거리를 달릴 수 있게 되기를 희망한다. 한편, 한국 사회의 자전거 열기가 웰빙, 여가, 교통비 절약이라는 실용주의적 주제어에서 '지구를 행복하게 하는 물건' 생활 자전거, 자전거 철학 등으로 더 확대되기를 바란다.

좋은 생각이
세상을 움직인다

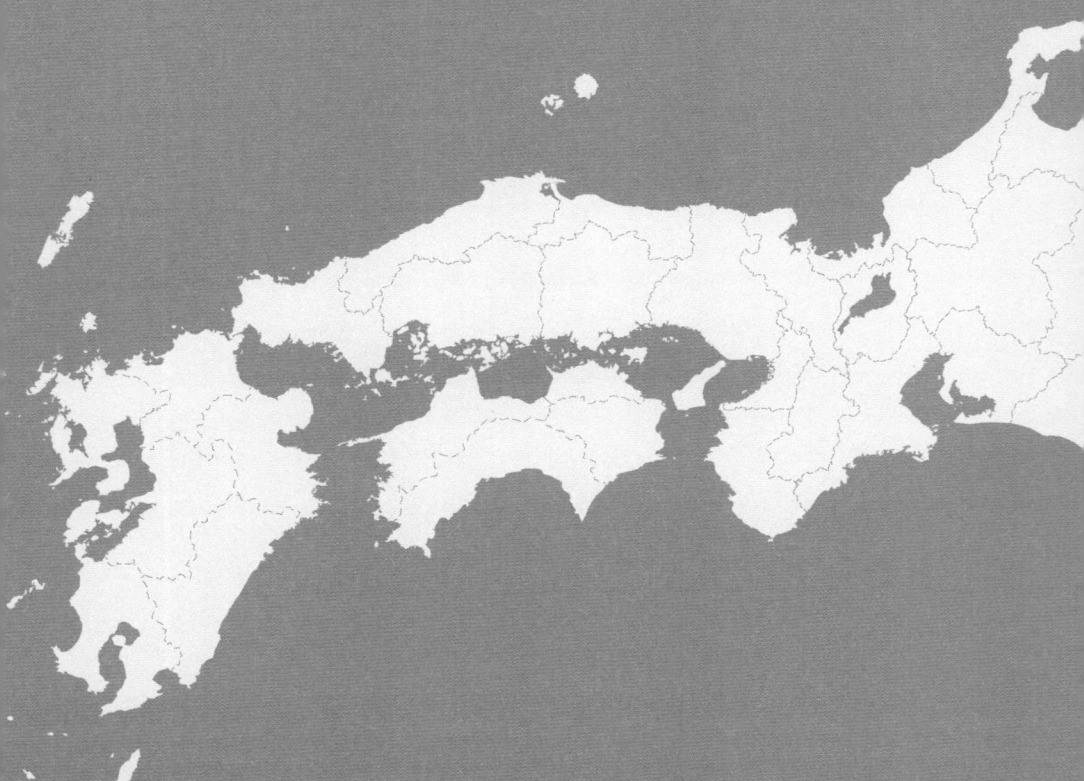

가와사키 시 어린이꿈공원 플레이파크 전경

도쿄東京 도 세타가야世田谷 구
도전과 모험을 길러 주는 플레이파크 운동

마음의 휴식처, 공원을 만나다

내가 살던 고가네이 시에는 고가네이공원이 있다. 봄이면 넓은 공원 가득히 벚꽃이 피는데, 일본에서 아름다운 벚꽃 명소 100곳 가운데 하나로 뽑혔을 정도로 유명한 공원이다. 주말 아침이면 간단한 먹을거리와 물병, 읽을 책을 준비하여 하이킹을 떠나고는 했다. 다마 강 상수를 따라 공원까지 길게 이어진 녹도를 자전거로 달리던 기분을 잊을 수 없다.

고가네이공원은 도쿄에서도 큰 공원에 속한다. 면적이 서울숲의 2/3 크기인 24만 평인데, 산책과 하이킹을 하기에 아주 좋은 환경을 가지고 있다. 도쿄에는 히비야공원, 우에노공원, 국영소화기념공원 등과 같은 크고 유명한 공원들이 많은데, 가까운 거리에 휴식처가 되는 이런 공원이 있다는 것은 도시 사람에게는 큰 위안임에 틀림없다.

1954년 문을 연 고가네이공원은 오래된 역사만큼 볼거리가 많다. 서쪽 문으로 들어가면 수십 종의 다양한 매화가 꽃을 피우는 매화원이 있고, 옆으로는 큰 벚나무 1800그루가 있는 숲이 펼쳐진다. 봄날 매화와 벚꽃이 필 때 그 길을 걸으면 그야말로 천국으로 가는 길처럼 아름답다. 벚꽃 놀이가 한창일 때에는 공원 안은 발디딜 틈이 없을 정도로 사람들이 모여든다. 공원의 또 다른 자랑은 '에도도쿄타테모노엔'이라는 야외 박물관인데, 일본 에도시대의 농가와 메이지 시대의 전통 건축물을 1954년부터 이전시켜 1993년에 개원한 곳이다. 역사와 문화가 살아 있는 학습장으로 빼놓을 수 없는 견학 코스이기도 하다. 미야자키 하야오 감독의 영화 〈센과 치히로의 행방불명〉의 첫 장면에 나오는 '목욕탕' 건물이 에도도쿄타테모노엔에 있는 '고다카라유'라는 목욕탕을 소재로 그렸다고 해서 유명하다.

공원 안을 이곳저곳 산책하다 보면 신기한 풍경을 발견하게 된다. 공원 한쪽에서 한 무리의 아이와 어른이 어우러져 땅을 파고, 불을 피우고, 나무에 밧줄을 매달기도 하면서 놀고 있는 모습이 바로 그것이다. 예전 시골집 앞마당에서 놀던 모습을 이런 도시 공원에서 처음 보았을 때 반갑기도 하고 놀랍기도 했다.

플레이파크를 만나다

바로 이런 모습이 일본 도시 공원에서 자주 목격할 수 있는 플레이파크이다. 플레이파크에서 아이들은 모험적이면서 자칫 위험해 보일 수도 있는 다양한 놀이들을 마음대로 하며 놀 수 있다. 그네, 시소, 철봉으로만 이루어져 있는 기존의 어린이 놀이터나 공원과는 달리 노는 방법이나 놀이 기구나 시설의 형태가 규정되어 있지 않다. 어찌 보면 굉장히 무질서하지만 그 속에서 아이들의 공상, 창조성, 신체의 운동성을 자극하면서 놀이를 할 수 있는 곳, 또래 집단과 놀이를 하면서 자연스럽게 일어나는 놀이를 할 수 있는 곳, 자연과 동물과 만남의 기회를 만들 수 있는 곳, 여러 가지 모험과 도전의 기회가 가득한 곳이 바로 플레이파크이다.

1865년 유럽에서 공립 놀이터가 생긴 후, 1943년 덴마크의 공원 설계가인 쇠렌센이 코펜하겐에서 '잡동사니 놀이터'라는 아이디어를 제안하여 플레이파크가 시작되었고, 1950년대에는 스위스와 영국에서 같은 형식의 놀이터가 만들어져 '로빈슨 놀이터' 또는 '모험 놀이터'라는 이름으로 불렸다. 1960년대 서독의 서베를린에서 모험 놀이터가 많이 생겼고, 그 이후에는 모험 놀이터 또는 플레이파크라고 불렸다. 유럽에는 현재 플레이파크가 1천 개 정도 있고, 일본의 플레이파크 중심 단체인 '일본모험놀이터만들기협회'에는 237개 단체가 활동하고 있다.

안전하지만 미리 정해져 있는 시설이나 놀이 계획에서 벗어나서 아이들 스스로가 자유롭게 변화시키고 고칠 수 있는 놀이터를 만들어 주고, 또 아이들이 놀이 공간에 대해 아이디어를 내고 놀이를 창조하고 발견하는 기쁨을 맛볼 수 있게 하는 것이 플레이파크 운동의 철학이다.

고가네이공원에서 정말 구경만 하여도 신나고 재미있어 보이는 플레이파크의 모습을 보며 좀 더 알고 싶은 마음이 생겨, 일본에서 플레이파크 운동을 최초로 시작한 세타가야 구의 플레이파크를 찾아가 보게 되었다.

플레이파크에서 할 수 있는 여러 '모험 놀이'

세타가야 플레이파크가 시작되다

"좀 더 깊게 파 볼래!"
"물이 내려온다."
"와! 와!"

몇몇 남자아이들이 땅을 파고 물을 흘려 강을 만들고 있다. 그 주변에서 함성이 터져 나온다.

온몸이 진흙으로 새까맣게 되어 버렸지만 놀이에 심취해 있다. 주위 어른들 아무도 진흙투성이가 된 아이들의 모습에 상관하지 않는다. 여자아이 세 명은 나무와 나무 사이에 매달린 그물 사이를 두려움 없이 넘나들고 있다.

"한 번 더! 정말 재밌다."
"이쪽으로 와 봐."

소리를 지르며 아이들은 자신들의 놀이에 열중하고 있다.

다른 편에서는 아버지와 아들로 보이는 가족들이 잔가지를 모아 모닥불을 피우고 있다. 금방 음식이라도 만들 것처럼 그릇들이 주변에 보인다. 어른들과 아이들이 땅을 파고 밧줄을 매달고 노는 모습을 보고 신기해서 한참을 쳐다보았다. 열심히 톱으로 대나무를 잘라 컵을 만들고 있던 남자아이는 보통 공원이나 학교 운동장은 시시해서 매일 자전거를 타고 이곳에 와서 논다며 웃었다. 이것이 내가 만난 일본 플레이파크의 효시, 세타가야 플레이파크의 첫 모습이었다.

'NPO법인세타가야플레이파크'를 찾아간 날은 마침 창립된 지 20주년이 되는 날이었다. 세타가야 플레이파크라는 이정표를 지나니 다양

가와사키 시 어린이꿈공원 플레이파크

한 놀이를 하는 아이들과 어른들의 모습이 눈에 띄었다. 지은 지 꽤 오래된, 만화영화에나 나올 법한 판자와 폐자재로 만든 사무실 건물이 있었다.

세타가야 플레이파크의 역사는 1975년 7월로 거슬러 올라간다. 아이들이 노는 모습을 보고 놀이 환경에 의문을 품은 한 부부가 중심이 되어 세타가야 구 가라스야마 강 도시 공원 내에 여름방학 특별 기획으로 모험 놀이터 '어린이 천국'을 개설한 것이 시작이었다. 영국에서 본 플레이파크에서 힌트를 얻은 이 놀이터는 1977년, 지역 주민과 함께 15개월에 걸쳐 모험 놀이터 기획을 확대하여 진행하게 되었다. 이 모험 놀이터가 동네 아이들에게 절대적인 지지를 받게 되었고, 직접 손으로 만든 놀이터는 1979년 세타가야 구청이 '국제 아동의 해' 기념 사업 중의 하나로 플레이파크를 채택하면서, 주민과 구청의 협동 사업으로 일본에서 첫 상설 플레이파크 '하네기모험놀이동산'이 탄생하게 된 것이다. 현재 세타가야 구에는 도시 공원에 플레이파크 4개가 주민의 힘으로 운영되고 있다.

세타가야 구는 도쿄 도에서도 인구가 제일 많은 곳(88만 명)으로 세이조라고 하는 고급 주택지가 있고 녹지가 많아서 주거 공간으로 인기가 높은 곳이다. 우리나라에서는 마을 만들기 운동 사례로 여러 차례 언론에 소개된 곳이기도 한데, 마을 만들기의 정신이 이곳 플레이파크 안에도 곳곳에 스며들어 있음을 느낄 수 있다. 마을 내의 자연

가와사키 시 어린이꿈공원 플레이파크

환경 속에서 자유롭고 책임감 있게 진행되는 놀이 활동이 아이의 몸과 마음의 성장에 없어서는 안 될 중요한 요소 중 하나임을 주민 스스로가 인식하고 실천하는 과정 속에서 탄생한 것이 바로 플레이파크 운동인 것이다.

플레이파크 안에서는 아이들이 하고 싶은 놀이에 대한 금지가 없다. 그 안에서 아이들은 무엇인가에 도전하거나 모험하고 싶은 스스로의 마음을 있는 그대로 표현하고 실현해 갈 수 있다. 곳곳에 아이들이 이용할 수 있는 폐자재와 각종 도구들이 있어 집이나 놀이터, 비밀 요새도 스스로의 힘으로 만들 수 있고, 웅덩이 파기, 모닥불 놀이, 음식 만들기 등 아이가 좋아하고, 하고 싶은 놀이를 마음껏 즐길 수 있다. 더럽혀지거나 지저분해져도 괜찮고 어른의 참견이나 지시를 받지 않아도 된다. 고립된 공간이 아니기 때문에 친구와 동네 어른과 함께 원하는 사람은 누구든지 이곳에서 어울릴 수 있다.

아이의 사고나 부상에 대해 걱정하는 질문에, 어른이나 아이나 모두 위험으로부터 자신의 몸을 지키는 본능이 있고, 특히 어렸을 때는 작은 부상을 당하면서 큰 사고를 피할 수 있는 능력을 신장시킬 수 있는 것 아니겠느냐는 대답이 돌아왔다. 스스로 몸을 제어하고 지켜내는 것 역시 놀이 속에서 키워 낼 수 있는 중요한 능력 중 하나일 것이다.

일본의 플레이파크 운동에서 특징적인 것이 '플레이 리더(놀이 안내자)'가 공원 안에 상주하고 있다는 것인데, 플레이 리더는 안전하게 신나는 놀이가 가능하도록 도우며, 자기표현이 가능한 모험 놀이터의 환경을 만들어 가는 역할을 하고 있다.

아이가 잘 먹고 잘 자라요

　도쿄의 네리마 구 히카리가오카공원에는 특히 유아들이 참여하는 플레이파크 운동이 활발하다. 히카리가오카공원을 근거지로 활동하고 있는 '모두함께반짝반짝육아네트'라는 단체가 있는데 이 단체는 히카리가오카공원에서 2003년부터 플레이파크를 열었다. 이용자 약 8500명 중에서 과반수 이상이 유아를 데리고 온다. 처음 시작 무렵에는 주 2회 개최하던 것을 2009년 봄부터 4회로 늘렸다. 플레이파크에 다니기 좋은 곳으로 이사를 한 가정도 생겼다. 플레이파크 때문에 이곳으로 이사한 세 살짜리 아이의 엄마는 말한다.
　"아이가 잘 먹고 잘 자게 됐어요. 생활도 즐거워졌고 짜증 내는 일

가와사키 시 어린이꿈공원 플레이파크

'히카리가오카모험놀이터' 풍경들

도 적어졌어요."

 흙과 물을 만지며 맘껏 놀 수 있는 놀이 공간이 유아에게는 필수적이다. 이런 측면에서 플레이파크는 오히려 초등학생보다 어린 유아에게 더 유익한 공간이 되어 가고 있었다. 연령이 다른 아이들과 놀아 본 경험이 적은 유아도 본성적으로 가지고 있는 놀이에 대한 욕구를 분출하게 되고 아이들 간의 관계가 만들어지고 있다는 것을 알 수 있었다.

 스위스 교육학자 페스탈로치는 머리(지능)뿐만 아니라 가슴(감정력), 손발(기능력)을 고루 발달시키는 전인교육을 강조했다. 페스탈로치는 '나무와 새가 아이들을 가르칠 때 당신은 조용히 있도록 하라'는 말을 했다. 이는 가슴(감정력)을 발달시키는 교육의 한 방법을 말한 것이라고 생각된다. 하지만 우리나라의 과열된 교육열로는 자녀의 지능은 발달시킬 수 있을지 몰라도 오히려 가슴은 점점 차가워지는 것이 아닐까 생각해 본다.

 환경심리학자인 테일러는 미국 시카고 지역의 대규모 공공 주택단지 거주자들을 대상으로 자연환경이 아이의 심리와 관련이 있는지를 연구하였다. 집 안의 창문을 통해 보이는 풍경에서 얼마나 녹지가 많은가와 그 집의 아이들이 얼마나 강한 집중력, 충동 억제, 만족 지연 능력을 가지고 있는가를 살펴보았다. 그 결과 녹지가 많은 집의 아이일수록 집중력이 높고 충동을 더 잘 억제하였다. 또 주변 유혹에 약해져 즉각적 만족을 취해 버리는 게 아니라 만족을 지연시켜 궁극적으로 더 많은 것을 얻을 수 있는 만족 지연 능력이 높았다.

테일러의 연구 외에도 자연 체험과 놀이를 하면서 자란 아동이 신체적 능력이나 인지능력이 발달한다는 연구는 국내외에서 많이 소개되고 있다. 유년 시절에 쾌적한 자연환경에서 자란 것이 한 사람의 인격체에게 정말 중요하다는 것이다. 일본학술회의는 일본 어린이의 성장 환경에 대해서 우려를 나타냈다. 공터가 줄고, 차량이 늘면서 노상에서 놀지 못하게 되고, 그 대신에 게임기 등이 보급되어 어린이들이 또래 집단과 노는 것이 불가능해졌다는 보고를 내놓았다.

대도시에는 아이들이 마음껏 놀 공간이 없다. 공터를 잃은 아이들은 공원에서도 스스로 놀이를 할 공간도 찾지 못한 채 시설 중심으로 시간을 보내기 일쑤다. 플레이파크에서는 아이들이 많은 모험과 도전을 바탕으로 몸과 마음이 함께 성장하는 놀이를 할 수 있다. 놀이의 중요성, 친구와 함께 어울려 노는 즐거움, 신체 기능의 성장 등과 같은 '놀이터' 본래의 기능에 대해 다시 한 번 생각해 보게 되었다. 도시에서 어린이의 놀이터를 다시 찾아 주려는 플레이파크 운동이 일본에 이어 한국의 지역사회에서 뿌리내리기를 바란다.

도쿄 버드 페스티벌의 체험 부스

도쿄東京 도 오타大田 구
자연을 지키는 또 다른 여가, 일본의 탐조 문화

버드 페스티벌을 찾아가다

도쿄 항과 신도시를 세우기 위해 수많은 도쿄 만의 갯벌들은 메워지고 개발되었다. 그나마 대체 습지로 남은 곳이 바로 도쿄 항 야조공원이다. 일본야조회는 매년 5월 도쿄 항 야조공원에서 '버드 페스티벌'을 개최한다.

일본인의 탐조 문화는 새로운 여가 문화로서 각광을 받고 있다. 도심의 작은 공원을 가더라도 망원렌즈를 목에 걸고 분주히 다니는 중년 신사들을 쉽게 발견할 수 있다. 일본야조회는 탐조 문화를 보급하고, 야생 조류 연구와 보호 활동을 하는 단체인데 회원이 5만 명인 일본에서 가장 큰 시민 단체 중 한 곳이다. 일본은 매년 5월 10일부터 16일까지를 애조 기간이라고 정해 새를 사랑하고 보호하는 활동과 여러 행사를 펼치고 있다. 일본 황실의 아키시노노미야 후미히토 왕자는 조류학 박사이며, 세계적으로 유명한 조류 연구소인 '야마시나조류 연구소' 총재를 맡고 있다.

　버드 페스티벌 행사장인 도쿄 항 야조공원 입구에 들어서자 이미 많은 사람들이 입장하였고, 행사가 진행되고 있었다. 탐조회 개최, 야조 촬영 강좌, 종이 크래프트 교실, 지우개 판화 교실, 야조 퀴즈 대회, 탐조 장비 전시, 시민 단체 활동 홍보, 관련 서적 판매, 음악회 개최 등 다양하게 이루어지고 있었다.

　도쿄 버드 페스티벌에 참가하는 가장 유명한 손님은 '도리 군'이라

버드 페스티벌 행사장 모습

불리는 가수이다. '도리'는 일본어로 '새'를 뜻하고, '군'은 우리말에도 있는 아랫사람이나 친한 친구 사이에 부르는 호칭이다. 행사장 곳곳에 새 모자를 쓰고 있는 도리 군의 얼굴이 들어간 홍보물이 눈에 띄었다. 본행사 무대에서 인사를 하고 있는 도리 군의 모습이 보인다.

도리 군은 항상 새 모자를 쓰고 나와 대중들에게 관심을 끌고 있는 가수이다. 별명 그대로 도리 군은 새 전문가이다. 도리 군은 초등학교 시절 학교에 적응을 하지 못한 부적응 학생이었다. 하지만 지금은 유명한 가수로, 새 전문가로 활약하고 있는 것이다. 도리 군은 탐조회와 각종 강연회로 바쁜 나날을 보내고 있다. 작사, 작곡에도 소질이 있어 벌써 수십 곡을 직접 쓰고 노래까지 하고 있다. 또한 새 모자를 트레이드 마크로 일본야조보호연맹의 전문위원, 매년 아비코 시에서 열리는 버드 페스티벌에 참가하여 홍보 대사 역할을 하고 있다. 탐조 실력은 취미를 넘어서 있는데, 특히 갈매기 연구에 집중하여 갈매기류 도감인 《갈매기 관찰 노트》를 직접 집필하였다. 새에 관한 정보를 일반인들이나 청소년들이 알기 쉽게 설명하고 있어 인기가 많다.

도리 군보다 유명한 물고기 모자를 쓰고 다니는 '사카나 군'이라는 별명을 가진 물고기 박사가 있다. '사카나'는 일본어로 물고기를 뜻하는데, 사카나 군은 어렸을 때부터 물고기를 기르고 관찰하는 데에 푹 빠져 지냈다. 중학교 3학년 때에는 학교에서 사육하던 투구게 19개체의 인공부화에 성공하였는데, 그 당시에는 투구게의 인공부화는 유례없는 일이어서 신문에까지 소식이 실리며 사카나 군의 존재가 알려지기 시작했다.

고등학교 3학년 때 도쿄방송의 'TV 챔피언'이라는 프로그램에서 실시하는 '제3회 전국 물고기 박사 선수권 대회'에서 준우승한 것이 계기가 되면서 본격적으로 유명해졌고, 그 이후로 사카나 군이라는 예명도 얻게 되었다. 2006년에는 정식으로 공부하지는 않았지만 물고기에 대한 깊은 지식과 사랑을 인정받아 도쿄해양대학교의 객원교수로 임명되는 영광도 안게 되었다.

그는 초등학교 졸업 문집에서 장래의 꿈에 대해 이렇게 그렸다.

"저의 꿈은 수산대학교의 교수가 되는 것입니다. 여러분들에게 연구한 것을 모두 알려 드리고 싶습니다."

지금은 일본 농림수산성 물고기 홍보 대사, WWF재팬의 친선 대사 등 시민을 대상으로 한 물고기 생태에 대한 강연회와 방송에 줄줄이 초청되는 진정한 물고기 박사이다.

이렇게 도리 군이나 사카나 군처럼 새와 물고기를 사랑하는 연예인이 많은 청소년에게 자연을 사랑하자는 메시지를 전달하면서 자연에 대한 흥미와 관심을 더욱 불러일으키고 있다.

탐조, 취미에서 자연보호로

최근 새들을 탐조하는 사람이 부쩍 늘었다. 도시화가 되고 쉽게 새를 보기 어려워져서 망원경으로 살펴보고 카메라 렌즈에 새의 모습을 담으려는 사람들이 많아졌다.

탐조란 관찰자가 야생 조류의 서식 환경에 다가가서 자연 그대로의 새의 생태와 서식지 모습을 관찰하는 활동이다. 새의 지저귐과 모습을 찾아내고 그 행동을 관찰하며 기록하는 활동인 것이다.

취미로서의 탐조가 본격적으로 시작된 곳은 영국이다. 1889년 영국 왕립조류보호협회RSPB가 설립되어 야조를 포획·사냥·사육하는 것을 금지하고 야조를 보고 즐기는 것을 장려하면서 시작되었다. 영미에서는 탐조층이 두터워지면서 지속적인 자연보호 활동으로까지 그 외연이 확장되고 있다.

일본에서는 일본야조회가 나카니시 고도의 주도로 1934년 창립되어 자연보호 활동과 교육 사업을 가장 중심에 두고 활동하고 있다. 일본야조회는 교육 활동 사업의 일환으로 자연 관찰 센터를 운영하며, 기관지《야조》도 발행하고 있다.

왜 야생 조류일까

'왜 야생 조류일까'라는 의문을 갖고 있는 사람이 많다. 자연은 다양한 생물과 환경에 의해 구성되어 있다. 그 가운데 탐조인이 새에 집착하는 이유는 무엇일까?

첫째, 새들은 생물 다양성의 바로미터이기 때문이다. 지구상의 다양한 생명체들은 각각의 관계를 갖고 생활하고 있다. 새들을 보호하자는 말은 단지 새만을 지키자는 말이 아니라 '새들이 살 수 있는 환경을 지키자'라는 말을 포함하고 있다.

멸종 위기 동식물 중 참매를 예를 들어 보자. '참매를 지키자'라는 말은 참매만을 지키는 것이 아니라 참매가 살 수 있는 환경을 지키는 일일 것이다. 이런 것이야말로 새들이 가르쳐 준 자연보호의 사고방식이다. 참매가 살아가기 위해서는 참매의 먹이가 되는 동물들이 살 수 있는 환경이 필요하다. 참매의 먹이가 되는 동물이 살아가기 위해서는 그 또한 먹이가 되는 동식물들이 번식할 수 있는 환경이 필요하다. 즉 참매를 지키기 위해서는, 그 시스템을 유지하고 있는 생태계 피라미드 전체를 지켜야만 한다.

그러면, 생태계 피라미드를 지키는 것은 참매 때문일까? 아닐 것이다. 참매를 비롯한 멸종 위기 동식물은 생태계 피라미드 전체의 생물 다양성을 재는 바로미터이기 때문이다. 생물 다양성이라고 하면 많은 사람들은 머릿속에 먼저 멸종 위기 동식물의 보호를 떠올린다. 그러나 새의 눈으로 자연을 바라보면 조금은 다른 시각을 가질 수 있다.

두 번째, 새는 다양한 매력을 가지고 우리들 주변에서 생활하고 있기 때문이다. 다른 야생동물보다도 새들은 우리 생활공간 주변에 가까이 있다. 올빼미과의 야행성 조류를 제외하고는 새들 대부분은 주간에 활동을 한다. 그런 이유로 사람이 발견하기 쉽고 자연의 풍요로움을 측정할 수 있는 바로미터로서 의미가 있다.

새는 종류에 따라서 다양한 자세와 형태를 가지고 있으며, 몸의 색깔도 천차만별이다. 동서고금을 막론하고 새를 모티프로 한 회화, 시가, 이야기 작품이 다수를 이루는 것도 이러한 다양한 모습 때문이 아닐까?

새는 시각뿐만 아니라 청각이 발달한 동물이다. 새의 지저귐은 수천 가지 다양한 소리를 지니고 있으며 4~7월 번식기에는 구애하는 아름다운 노랫소리를 숲 속에서 들을 수 있다.

일본의 탐조와 탐조 교육

환경교육에서 환경을 위한 교육은 중요하다. 환경을 위한 교육의 예로 일본의 한 기업에서 벌이고 있는 사회적 공헌 활동인 애조 활동의 표어 중에 'Today Birds, Tomorrow Man(지금 새에게 일어나는 일이, 미래에 인간에게 온다)'라는 말이 있다. 바로 이 말처럼 탐조 교육을 통하여 환경문제를 인식하고, 자연을 지키려는 마음을 불러일으키는 것이다.

우리나라에서도 탐조는 1990년대 후반부터 취미 활동에서 벗어나, 습지 조사를 할 때 야생 조류를 모니터링하며 습지의 건강성을 나타내는 지표로 사용하기도 한다. 새만금 같은 거대 개발 사업에서 새의 위기가 가장 많이 거론되는 것도 이 때문이다.

한편, 탐조는 환경교육의 주요한 소재로 활용되고 있다. 1975년 환경교육의 구체적인 실천 행동에 대해서 천명한 베오그라드헌장에서는

2007년 도쿄 버드 페스티벌

개인과 사회집단의 구체적인 실천 행동을 위해 필요한 항목으로 관심, 지식, 태도, 기능, 평가 능력, 참여의 6개 항목을 제시하고 있다. 이러한 베오그라드헌장의 환경교육 6개 항목을 기반으로 일본야조회에서는 탐조를 3단계로 정리하였다. 제1단계는 자연과 친해지기(관심), 제2단계는 자연을 알기(지식), 제3단계는 자연을 지키기(태도, 기능, 평가 능력, 참여)이다.

제1단계에서는 마음, 제2단계에서는 머리, 제3단계에서는 마음과 머리가 합쳐져서 행동으로 옮기는 전개 과정을 표현한 것이다. 물론 탐조를 하면서 이러한 3단계가 순서대로 이어지는 것은 아니다. 행동하면서 관심을 갖게 되기도 한다.

일본은 1964년부터 전국의 초·중학교 중 일부를 애조 모델 학교로 지정하여 운영하고 있다. 애조 모델 학교는 환경 보전과 야생 조류 보호라는 목적을 가지고, 탐조회를 실시하여 지역 자연환경의 현황을 파악하고 소식지를 발행하고 있다. 예를 들면, 고난제3초등학교에서 실시하는 애조 교육의 목표는 "새 관찰 등을 통해 생물과의 연결을 알게 되고, 그것을 통하여 생활공간이 되는 환경을 중요하게 여기는 태

비와호야조센터 내부 모습

도를 기른다"이다.

인류는 지구 탄생 이후로 새들과 함께했다. 안타깝게도 많은 새들은 수렵이나 가금의 대상이 되었고, 이제 짧은 기간이지만 관찰하며 화해를 시도하고 있다. 하지만 최근 탐조객들과 사진작가들이 새들의 알려지지 않은 서식지를 방문하면서 호기심이 지나쳐 여러 서식지에 피해를 입히는 사례도 종종 발생한다.

이제 탐조는 환경교육의 주요한 소재이며 활동이다. 새를 만나고 알아 가면서 자연 생태계의 보전과 멸종 위기 야생 동식물에 대해서 한 번 더 생각할 수 있는 관계성을 만들 수 있다. 탐조를 통해서 인간과 새가 공생과 평화라는 단어에 둘러싸이고 새에 대한 따뜻한 시선에서 탐조와 교육이 이루어지기를 바란다.

도쿄가쿠게이대학 환경교육연구센터

도쿄東京 도 고가네이小金井 시
에코캠퍼스 운동이 주는 교훈

도쿄가쿠게이대학 캠퍼스에서 시작하는 하루

"찌바 찌바 키익~"하는 직박구리 소리에 아침마다 눈이 번쩍 뜨인다. 도쿄가쿠게이대학의 아침은 산새 소리와 운동하는 학생들의 구호 소리로 항상 분주하다. 국제교류회관은 학교에서 가장 끝인 동문 근처이지만 새벽녘이어서 캠퍼스에 울려 퍼지는 씩씩한 구보 소리와 체육관에서 새어 나오는 검도와 유도 기합 소리가 잘 들린다. 이미 그들의 구령은 내 아침 시간의 일과가 되었다. 사범대학에 운동선수가 이렇게 많은가 싶어 연구실의 마쓰모토에게 물어보았다.

"새벽부터 운동장에 사람들이 많더군요. 혹시 그 사람들은 운동선수인가요?"

"아니요! 동아리 학생들인데요. 일본 학생은 초등학교부터 한두 가지 운동이나 예술 동아리 활동을 해요. 운동을 좋아하지 않아도 대부분 하는 편이에요. 특히 수영은 필수이지요."

일본의 초등학교는 거의 대부분 학교에 수영장이 있고 수영을 정규 교과 시간에 가르친다. 이외에도 공립 체육 시설이 많아서 시민들이 편히 이용할 수 있다. 토요일은 주변 학교 동아리와 시합이 있어서 동아리 학생들이 큰 가방을 메고 자전거를 타는 모습을 거리에서 쉽게 볼 수 있다.

영화 〈사이보그 그녀〉의 주인공인 아야세 하루카는 상큼한 미소로 일본 젊은이들에게 인기 있는 청순 배우이다. 그런데 아야세 하루카의 취미가 역전마라톤, 농구라는 프로필을 보고 깜짝 놀랐다. 다른 여배우도 살펴보니 특기나 취미가 운동인 경우가 많은데, 그야말로 생활 체육이 제대로 정착한 사회라는 것을 알 수 있다.

도쿄가쿠게이대학은 키 큰 나무 4500그루가 울창한 도시 숲을 이루고 있다. 등굣길이나 산책할 때 녹색의 기운을 진하게 느낄 수 있어서 유학 생활의 피곤함을 달래곤 했다. 우리나라에서는 노란색 개나리가 봄의 전령사 역할을 하지만, 일본은 흰색 벚나무가 봄을 알린다. 정문 진입로 벚나무 길은 나무 생김새가 우람하고 좌우로 잘 정비되어 있어 대학 구성원들이 대학의 상징물과 같이 여기는 공간이다. 신입생이 입학식을 치를 무렵 캠퍼스를 진한 꽃향기와 함께 하얗게 물들이기 때문이다.

일본은 4월 1일부터 새 학기를 시작한다. 3학기제인데 신입생이 추위가 지나고 입학하게 되어 육체적으로 덜 위축되겠다는 생각이 들었다. '벚꽃 놀이' 시즌이 오면 일본 사람들은 일제히 '벚꽃' 밑에서 알록달록하게 포장된 도시락과 맥주 꾸러미를 펼치고 봄날을 노래하는데,

도쿄가쿠게이대학 동문 진입로 느티나무 숲길

그토록 예절 바른 일본인 모습은 '하나미(벚꽃 놀이)'와 '하나비(불꽃놀이)'에서만큼은 사라지곤 한다. 텔레비전과 신문도 벚꽃 북상 소식을 자세히 다루며, 슈퍼와 편의점은 벚꽃 놀이에서 먹을 도시락과 음식, 술로 도배된다.

동문 진입로와 도서관 앞 광장은 봄이 지나면 느티나무 숲길과 그늘막이 생긴다. 4~5층 높이의 키 큰 느티나무들이 초록빛 잎들로 하늘이 보이지 않을 정도로 덮어 버리기 때문이다. 이외에도 학교 곳곳에는 상록 활엽성 관목과 교목이 빽빽하게 건물을 감싸고 있다.

도쿄가쿠게이대학은 1873년에 설립된 도쿄 부 초등학교 교칙 강습소와 1920년에 설립된 도쿄 부립 농업 교원 양성소가 전신인 국립 사범대학이다. 일본에서 최초로 근대식 교원 양성의 첫 출발을 한 곳으로, 도쿄에 있던 사범학교 4개교를 통합하면서 지금 이름으로 1949년 개교했다. 1988년부터는 사범 계열 이외 학부도 설치하면서 종합대학으로의 면모를 갖추게 되었다. 국립 사범대학의 특성을 가지고 있지만 일반 학부가 있어 졸업생이 다양한 직업으로 진출하고 있다. 1964년 지금의 고가네이 시로 이전했으니 대학의 숲도 50세 이상의 중년기에 접어들었다.

숲이 우거지면서 간벌과 병충해 관리의 필요성이 제기되고, 도쿄가쿠게이대학의 숲을 관리하고 가꾸자는 주제로 만들어진 기구가 '가쿠게이 숲 프로젝트'이다. 이 프로젝트는 숲의 교육적 활용, 생물 다양성이 있는 학교 숲, 권역별 주제가 있는 정원 만들기, 지하수를 이용한 습지 공간 조성, 강의동 벽면을 녹화하는 '녹색커튼 운동'을 목표로 하고 있으며, 정기적으로 사진전 및 강연회를 개최한다. 또한 지역사회의 주민, 시민 단체와 함께 환경교육 행사를 정기적으로 개최한다.

가쿠게이 숲 프로젝트

2006년 어느 날, 교정을 거닐다 대학 게시판에 '우리 학교 숲의 새를 함께 탐조하지 않으렵니까?'라는 문구의 탐조 행사 안내문을 우연히 발견했다. '가쿠게이 숲 프로젝트'에서 4월 마지막 토요일에 개최하는 탐조회인데 대학 내에 서식하는 새들을 만날 수 있는 좋은 기회였다.

벌써 여러 사람이 교문 주변을 서성이고 쌍안경과 도감을 챙기는 모습이 보였다. 모인 사람들은 교문 앞 인도에 서서 인사를 나누었다.

한 사람씩 돌아가며 참가 동기를 밝히는 시간이었다.

"안녕하세요? 좋은 봄날입니다. 저는 학장 와시야마입니다. 2시간 동안 우리 대학에 어떤 새가 찾아오는지 알아봅시다."

놀랍게도 처음으로 말문을 연 사람은 와시야마 학장이었다. 대학 학장이 이곳까지 와서 함께 탐조를 한다는 것이 조금 놀라웠다. 우리로 치면 국립대학 총장인데, 하는 일도 많고 검은색 리무진을 타고 분주하게 다녀야 할 분이 이런 탐조회에 와 있다니 믿기지 않았다. 얼마 뒤 JR전철에서 와시야마 학장을 다시 만났다. 우리나라 대학 총장 중에도 전철로 출퇴근하는 이가 있는지 모르지만, 서민적인 모습에서 작은 신뢰가 생겼다. 탐조를 위해 모인 사람들은 대학 이곳저곳을 다니며 탐조 클럽 회장의 안내를 받고, 야생 조류 이외에 너구리 같은 야생동물이 발견된 지역도 함께 거닐었다.

도쿄 생활 첫해를 도쿄가쿠게이대학 기숙사에서 보내게 되니 자연스럽게 대학 내에서 일어나는 일들에 관심이 많이 생겼다. 그런데 생활하다 보니 도서관 문화, 자전거 문화, 식사 문화 등은 언뜻 보기에는 우리와 비슷하지만 다른 점이 참 많았다. 미쓰이시 교수와 아침을 같이 시작하고, 늦게까지 연구실에 있는 경우가 많았다. 미쓰이시 교수는 내가 궁금해하는 것을 항상 마음씨 좋은 아저씨처럼 자세하게 알려 주었다.

"교수님, 일본에서는 학생이나 교직원이 주로 자전거로 등교하네요?"

"교수님도 인근 지역에 사시는 분이 많고 교직원, 학생도 등교용으로 많이 이용하고 있어요. 고쿠분 지역, 고가네이 역에 공용 자전거 주륜장이 있어서 전철역과 대학에서 이동할 때는 자전거를 많이 이용하고 있지요."

일본에서는 비 오는 날 우산 들고 타기, 휴대전화 통화하며 타기, 어른 2명이 함께 타기 모두 교통법규 위반 사항이다. 단속을 하는 경찰도 자전거를 타고 거리를 다닌다. 여학생들조차도 곡예를 하듯 좁은 인도를 자유자재로 타는 모습을 보고 처음에 무척 부러워 혼자서 연습을 하다 넘어졌던 일도 많았다. 자전거 구입을 하면 주소와 신분을 기재하는데, 혹시 불법 주차를 하거나 도난 사고가 생겼을 때 경찰이 자전거 등록표를 보고 단속을 하거나 찾아 주게 된다.

도쿄가쿠게이대학은 생활 속의 환경 개선이나 자전거 문화 이외에도 학생이 참가하는 환경교육 사업을 진행하고 있었다. 2010년에는 나고야에서 열리는 생물다양성협약총회에 맞춰 '생물 다양성'이라는 주제로 4가지 특별 사업을 마련했다.

첫 번째는 미쓰비시UFJ환경재단의 기부 강의와 환경교육 세미나이다. 미쓰비시UFJ환경재단의 후원으로 1학기에는 '다양한 환경 학습 방법', 산촌 마을 견학, 환경교육 세미나, 환경교육 지도자 연수를 진행하였다. 2학기에 진행된 환경교육 세미나는 '환경교육연구센터'와 시민 단체가 공동으로 '생물 문화 다양성과 애니미즘'이라는 주제로 진행하였다. 도쿄가쿠게이대학의 부설 기관인 환경교육연구센터는 일본환경교육학회를 창립하는 데 주도적인 역할을 한 싱크탱크이다.

두 번째는 '대학생환경정상회의'이다. '생물 다양성'을 주제로 6개 대학 학생이 참여하여 대학생의 시각에서 제안된 내용을 나고야 생물다양성협약당사국총회에서 제안하였다.

세 번째는 식물과 사람이 함께하는 환경뮤지엄 프로젝트이다. 야마

나시 현 고스케 마을과 제휴 협정을 맺어 '환경뮤지엄 전통 마을 만들기'를 10년째 추진하고 있다. 국립공원 지역의 산촌 마을과 대학이 함께 사라져 가는 토종 종자와 산촌 문화를 지키고 전통 지혜를 배우기 위해서 협력 사업을 계속하고 있다. 일본에 있는 동안 고스케 마을에 세 번 정도 가 보았다. 1박 2일 온천 여관에 숙박했는데, 직접 농가 주민들이 메밀국수 만들기를 해주어서 많은 사람들이 즐겁게 참여했다. 지치부 산에서 내려오는 시원한 강물이 마을을 가로지르며, 곰이 나온다는 뒷산과 온천이 있는 작은 시골 마을에서 주민들과 협력해서 사라져 가는 토종 종자로 농사를 짓고, 전통 농기구 등을 전시하여 살아 있는 환경뮤지엄을 만들고 있다.

네 번째는 환경교육실천포럼 개최이다. 대학 인근의 고가네이 시, 고쿠분지 시, 고다이라 시의 교육위원회(교육청)와 함께 환경교육에 대한 경험과 실천을 나누는 자리이다. 매년 진행되는 이 포럼에는 학교 교원, 시민 단체, 교육위원회 공무원이 참가하여 지역사회에서 벌여 나가고 있는 살아 있는 경험담으로 이야기가 끊이지 않는다. 이 사업도 환경교육연구센터에서 준비하고 기획하는데, 예비 교사에게 유익한 배움의 자리가 된다.

우리 교원 양성 대학도 지역사회에서 이런 환경의 중요성을 배울 수 있는 프로그램을 만들면 어떨까 싶다. 이러한 자리는 NGO, 전문가, 행정기관이 함께 추진하여 다양한 곳에서 이루어지는 실천을 담을 수 있는 광장이 되어 가고 있었다.

행동으로 나서는 에코리그

유럽의 환경 수도라고 불리는 독일의 프라이부르크를 방문한 적이 있다. 그곳에는 유럽 최대의 산림인 '흑림'이 있는데, 흑림에서 흘러내리는 물이 15킬로미터의 개울 '베히레'를 만들어 온 도시를 푸르게 휘감는다. 베히레는 800년 전에 만들어진 개울이라고는 믿어지지 않을 만큼 보존이 잘되어 있었다.

대도시의 숨 막히는 매연으로 파란 하늘을 잃고 각종 개발 사업으로 사라지는 숲을 안타까워하지만 우리는 대안을 못 찾고 그대로 살아왔는지 모른다. 그런데 지구 저편에서는 시민이 주체가 되어 새롭고 대안적인 교통, 에너지, 쓰레기 정책을 세워 20만 명이 살아가는 프라이부르크 시를 풍요롭게 만들고 있었다. 500여 년 역사를 지닌 프라이부르크대학은 3만 명 가까운 학생이 다니지만, 우리나라의 여느 대학과는 사뭇 분위기가 달랐다. 하나의 문화재를 보는 것과 같은 고풍스러운 캠퍼스를 오가는 자전거 행렬에서 그들의 친환경 생활문화가 오랫동안의 노력으로 이루어졌음을 알 수 있었다. 시내뿐만 아니라 대학도 더불어 환경 수도를 만드는 일에 참여하고 있음을 한눈에 가늠할 수 있는 좋은 사례였다.

독일 라인란트팔츠 주에 있는 트리어대학의 비르켄펠트 환경 캠퍼스는 온실가스를 조금도 배출하지 않는다. 캠퍼스에서 필요한 전기와 열을 모두 재생 가능 에너지로 조달하기 때문이다. 미국의 미들베리대학에는 대학의 온실가스 배출량을 제로로 만드는 것을 목표로 한 탄소중립위원회가 활동하고 있다.

일본 정부는 2020년에 1990년과 비교하여 온실가스 25퍼센트 줄이기를 목표로 하고 있다. 대학생이 중심이 되어 캠퍼스 내의 온실효과를 줄이자는 목소리가 커지고 있다. 전국청년환경연맹(약칭 에코리그)은 1994년 발족한 환경 단체이다. '에코리그'는 다양한 환경문제를 직시하고 행동했던 대학생 동아리를 네트워크화 하여 환경 보전 활동 활성화를 목적으로 만들어졌다. 현재 300개 단체가 참여하고 있다.

에코리그는 실행위원회를 두어 2009년부터 에코캠퍼스 순위를 발표하고 있다. 전국 대학에 설문지를 보내 세 가지 영역에 걸쳐 조사하여 순위를 발표한다.

첫 번째는 이산화탄소 배출(에너지 사용량) 부문, 둘째는 환경 대책 부문, 세 번째는 환경교육 부문이다. 환경 대책 분야에서 태양광, 풍력 에너지 도입, 그린 환경 증서 실시, 에너지 절약형 조명 도입, 조명 자동 제어, 옥상과 벽면 녹화 도입, 학생과 직원 순찰에 의한 소등, 신축과 개수로 인한 에너지 절약 대책, ISO14001 등의 기준을 지표로 삼고 있다.

에코리그 마크

녹색커튼과 주륜장이 있는 도쿄가쿠게이대학 학생회관

2009년 국공립대학 부문 1위는 이와테대학이다. 2006년에 학장 직속으로 환경경영추진본부를 설치하여 매년 이산화탄소 배출량을 전년도 대비 1퍼센트 줄이자는 목표를 정하여 계획을 수립하고 학과별로 추진·점검하고 있다. 국립대학으로는 처음으로 ISO14001 인증 취득을 목표로 환경성의 이산화탄소 국내 배출량 거래 제도에 참가하였다. 2008년도 수도관의 누수 개소를 수리하여 냉각수를 순환식으로 한 결과 물 사용량이 5년 전에 비해 42.5퍼센트가 줄었다. 2008년부터 학생들의 자발적인 움직임이 본격화되어 환경경영학생위원회가 만들어지고, 쓰레기 분리수거 조사 홍보물을 배부하고 있으며 대학의 환경보고서 작성에도 참가한다.

한편 사립대학 1위는 요코하마 시의 페리스여학원대이다. 2001년부터 에코캠퍼스를 꿈꾸며 시설 정비를 하였다. 캠퍼스 내에 설치한 15미터 붉은 풍력발전기가 에코캠퍼스 운동의 상징물이 되었다. 태양광과 풍력으로 발전하여 가로등을 설치하였고, 우수 활용 화장실도 도입하였다. 체육관은 마루에 파이프로 외부 공기를 유입하여 온도를 조절하고 있다. 식당의 음식물 쓰레기를 사료로 만들고, 조리하고 남은 폐유를 버스 연료로 사용하고 있다. 2002년 '에코캠퍼스연구회' 동아리가 발족하여 대학 내의 시설과 건축, 비오톱 조성에 힘을 쏟고 있다.

우리나라 대학의 경우 '2007 에너지 사용량 통계'를 토대로 이산화탄소 배출량을 조사한 결과, 국내 76개 대학이 배출한 이산화탄소는 91만 3천 톤이다. 2007년 대학이 소비한 에너지 양은 2000년에 비해 84.9퍼센트 증가했다. 같은 기간 우리나라 전체 총에너지 소비량 증가율(22.5퍼센트)보다 월등히 높다.

미래를 짊어지는 젊은 세대를 배출하는 대학에서 이산화탄소 배출량이 증가하고 있는 것은 참으로 유감스러운 일이다. 대학생이 생활하는 캠퍼스를 큰 실험실이라고 생각하며 대학이 솔선해서 새 기술과 새 시스템을 도입하고, 온난화 방지를 촉진해야 한다는 일반인의 감정과는 반대로 대학은 사회보다도 뒤처지고 있다.

대학 사회는 기업과 달리 학생과 교직원 등 다양한 주체가 있어, 의사 통일이 어렵다. 대학의 환경 정책을 자기 자신의 문제로 여겨 적극적으로 참여하는 모습을 보기가 어렵고, 대학 생활을 통해서 환경 의식을 깨치는 것이 힘들다. 에코캠퍼스를 꿈꾸는 에코리그와 같은 자발적인 시민운동이 들불처럼 퍼져 도시 전체의 기후변화 문제가 해결되기를 바란다. 대학 본부 중심의 에코캠퍼스 운동에서 벗어나 대학인 스스로가 대학 내의 환경문제를 살펴보며, 해결점을 찾고 네트워크를 만들어 함께 이야기를 나누어야 하지 않을까 싶다.

후쿠시마 시 아부쿠마 강

후쿠시마福島 현 후쿠시마福島 시
후쿠시마 원전 사고에서
녹색 교육을 생각하다

후쿠시마에 대한 추억

"실례합니다. 사과 드실래요?"
"고맙습니다. 웬 사과예요?"
"우리 고향이 사과가 유명한 후쿠시마잖아요. 고향에서 보내온 거예요."

히카리가오카에 살던 시절 옆집 와타나베 부부는 고향에서 보내온 농산물을 항상 나눠 주고는 했다. 원전 사고 이후에 후쿠시마의 맛있는 사과와 해산물을 자랑하던 와타나베의 고향은 안전한지 궁금한 적이 많았다.

후쿠시마 원전 사고가 있기 전까지 후쿠시마 현은 산과 들, 바다로 둘러싸인 아름다운 전원 지역이었다. 오래전 후쿠시마 시를 방문한 적이 있다. 가장 인상적인 풍경은 도시 한가운데를 가로지르는 아부쿠마 강이었다. 이 강은 미야기 현에서부터 후쿠시마 현을 거쳐서 239킬로미터를 흐르는 강인데, 수변이 직선으로 구축되지 않아 자연 하천의 모습이었다. 강변이 무척 아름다워 차를 세우고 시내 한가운데를 흐르고 있는 아부쿠마 강의 노을에 푹 빠져 한참을 넋 놓고 보았는데, 노을에 빛나는 물빛과 주변 풍경은 지금도 잊을 수가 없다. 한국과 일본의 강 모두 아름답고 생명이 흐르는 모습은 똑같을 것이다. 이곳 사람들에게도 강은 소중하게 다루어야 할 생명의 젖줄이며 상징이다. 후쿠시마 산자락의 나무며 강가의 물고기들을 모두 생명의 기운으로 만들어 낸 것이 이 강물일 것이다.

후쿠시마 원전 사고를 접하고 와타나베의 고향 사람들과 아부쿠마 강의 뭇 생명들의 앞날이 어떻게 될까 걱정이 앞선다. 후쿠시마에 대한 짧고 작은 기억의 파편이지만 후쿠시마 현에 연관된 사람들과 풍경들의 따뜻함과 푸근함은 내 마음에 강렬하다.

삶이 바뀐 사람들

2011년 3월 11일 일본 미야기 현 앞바다. 리히터 규모 9.0에 달하는 강진이 발생했다. 지진으로 요동치던 바다는 무려 14미터 높이 쓰나미로 변해 후쿠시마 제1원자력발전소를 덮쳤다. 구소련 체르노빌 이후 사상 최악의 원전 사고가 일어났다. 체르노빌 원자력발전소 사고와 함께 국제 원자력 사고 등급INES의 최고 단계인 7단계를 기록하였다. 현재도 계속적으로 원자로에서 방사능 물질이 공기 중으로 누출되고 있으며, 빗물과 원자로 밑을 흐르는 지하수에 의해 방사능에 오염된 방사능 오염수가 태평양으로 계속 누출되고 있다. 누출된 방사능 물질로 인해 후쿠시마 제1원자력발전소 인근 지대뿐 아니라 일본 동북부 전체의 방사능 오염이 심각한 상황이다. 아직도 후쿠시마 원전 사고는 현재 진행형인 것이다. 만 4년이 지난 현재까지 원전 20킬로미터 이내는 여전히 거주 금지 구역이다. 1만 5891명이 목숨을 잃고 2584명은 행방불명 상태다. 20만 명을 웃도는 후쿠시마 주민은 피난 생활을 하고 있다.

쓰나미와 대지진, 그리고 원전 사고로 이어지는 대재앙은 아직 서막일 뿐이라고 현지 언론과 전문가는 예측하고 있어서 더욱 우리를 불안하게 하고 있다. '시바사키 고'가 주인공으로 나오는 영화 〈일본 침몰〉 속에서의 해일과 지진의 피해 모습이 실제 현실이 되었다.

2012년 후쿠시마 원전 사고 1주년 서울 행사에 후쿠시마 원전 사고 피해 상황을 전하러 초등학생과 어머니가 온다는 소식을 접했다. 행사를 준비하고 있는 관계자에게 연락을 하여 행사 전날 아베 유리카와 어머니 아베 사유리 씨와 저녁 식사를 함께하며, 원전 사고의 피해 실태를 들었다. 아베 모녀는 사고 이전에는 후쿠시마에 살던 평범한 가족이었다. 서울 시청 광장에서 열린 '후쿠시마 대재앙 1주기 시민 문화 행사'에서 한국의 어린이와 시민에게 후쿠시마 원전 사고를 증언하기 위해 자원해서 왔다.

"원전 사고가 터지고 나서 인생이 바뀌었습니다. 단지 지진뿐이었다면 다시 일어서야지 하는 마음이라도 들었을 텐데, 핵발전소가 폭발하면서 되돌릴 수 없는 세상이 되었습니다. 후쿠시마 사람들은 이제 우리는 끝났다고, 원전이 폭발하는 순간 생각했습니다. 우리 마을이 깨끗한 공기와 물을 다시 누릴 수 있고, 주변 사람들이 건강한 것이 우리 모두의 꿈입니다."

원전 사고를 통해서 많은 일본 사람들의 인생관, 세계관이 바뀌었다고 한다.

유리카는 한국 어린이에게 전할 편지를 작성해서 가져왔다.

    방사능 때문에 병에 걸리고 싶지 않습니다.
    방사능 때문에 죽고 싶지 않습니다.
    원전 폭발로 저는 고향인 후쿠시마를 떠날 수밖에 없었습니다.
    친구들과 헤어질 수밖에 없었습니다.
    몇 년 동안, 아니 몇십 년 동안 돌아갈 수 없을지도 모릅니다.

후쿠시마 원전 사고 1주년 서울 행사

후쿠시마 원전 사고를 전하는 아베 유리카

원전 사고가 일어나기 전으로 돌아가고 싶습니다!
친구들이 있는 고향에 돌아가고 싶어요! 어른이 돼도 내가 건강해질 수 있을까요?

_아베 유리카

유리카의 편지 글이 준 울림이 아직도 마음 한구석에 남아 있다. 유리카의 가족뿐만 아니라 일본 국민 모두는 이번 원전 사고의 피해자이다. 후쿠시마 원전 사고는 우리 사회의 삶의 양식과 원전을 어떻게 할 것인가에 대해서 심각하게 생각하게 만든 사건이었다.

후쿠시마 원전 사고로 원자력 안전 신화는 완전히 붕괴되었다. 독일은 2022년까지 모든 원전을 폐쇄하기로 결정했다. 독일뿐만 아니라 스위스, 이탈리아, 벨기에 등 여러 유럽 국가를 필두로 베네수엘라, 태국, 필리핀 같은 개발도상국도 원전 포기 방침을 밝혔다.

1986년 4월 26일 발생한 체르노빌 핵 참사는 약 5만 명이 방사능에 과다 노출되었으며, 20만 명이 평생 동안 방사성 질병과 관련된 정기검진을 받아야 했으며, 전체 피해자는 343만 명이며 그중에 어린이가 132만 명이라고 한다.

우리에게 주어진 마지막 기회

"지금 우리는 3·11 후쿠시마 원전 사고로 인해 인류에게 주어진 마지막 기회를 맞고 있습니다. 우리 사회가 기회를 사용할 것인가 말 것인가는 낙관적으로 보이지 않습니다."

한국을 찾은 '슬로 라이프' 제창자 쓰지 신이치는 3·11 후쿠시마 원전 사고 이후 눈앞에 놓인 상황에 대해서 안타까움을 표시했다. 일본의 지식인은 너나없이 탈원전 시대를 제창하고 있다. 원전 사고 이전에도 평화운동과 탈핵 운동에 헌신한 두 분의 지식인을 만날 기회가 있었다. 한 명은 《플러그를 뽑으면 지구가 아름답다》의 저자 후지무라 야스유키이고, 다른 한 명은 '슬로 라이프' 제창자 쓰지 신이치이다. 강연을 통해서 후쿠시마 원전 사고가 우리에게 주는 교훈을 들을 기회가 있었다. 먼저 쓰지 신이치는 후쿠시마 사고 이후 일본 시민사회에 분 변화의 바람에 대해서 들려주었다.

"우리는 절망에서부터 시작해야 합니다. 3·11 사고 이전으로 어차피 돌아갈 수 없습니다. 이미 발생한 일이기 때문이죠! 생각해 보면 단지 원전 사고만이 아닙니다. 기후변화와 지구온난화도 이미 돌이킬 수 없는 상태까지 왔습니다. 시간을 늦추는 것만이 우리가 할 수 있는 일입니다."

후쿠시마뿐만이 아니라, 지구 전체가 위기 상황인지 모른다. 그냥 아픈 얼굴에 화장만을 계속하고 있는 것인지도 모른다. 이야기는 계속되었다.

"정부와 도쿄전력은 2, 3개월 만에 이번 사건에 대한 수습안을 내놓았습니다. 지진학자들은 더 큰 지진이 올 가능성이 70퍼센트 이상이라고 합니다. 지금 세계의 핵 전문가들은 4호기 문제 해결을 위해 지혜를 모아야 합니다. 북한 미사일보다도 더 위급한 상황일지 모릅니다. 정부는 사고 이후 계속 보상, 배상 이야기만 합니다. 과연 이번 사태로

후쿠시마 원전 사고 당일 피난 가는 학생들

인한 피해에 대해 배상이 가능한 것일까요? 국민은 이런 프레임에 걸렸습니다. 환경 사고가 발생하면 피해에 대하여 얼마나 보상해 줄 수 있는가에 초점이 맞추어져 있습니다. 미래 세대에게 남겨 줄 자연이 파괴되었는데 이것이 과연 보상으로 해결될 수 있을까요? 후쿠시마의 오가타 마사토라는 어부는 일체의 보상을 거부하는 1인 시위를 벌이고 있습니다. 그는 이렇게 이야기합니다. '후쿠시마 원전이 바로 나였다. 나는 대량생산 대량 소비 시스템에 익숙해져 있다. 내가 바로 도쿄전력이 아닐까! 우리가 이런 사회구조를 만들고 있지 않는가?'

오가타 마사토의 말대로 우리 스스로가 도쿄전력을 만들고 인정해 주면서 지금 이런 문제에 스스로 빠져들지 않았을까 자문해 보았다. 쓰지 신이치는 지금 우리가 무엇을 하고 어디로 향해야 할 것인가에 대해서 이야기를 이어 나갔다.

"후쿠시마 현 주민들은 원전은 반대하지만, 후쿠시마에서 아이를 키우고 사랑하는 사람과 살고 있으며 이웃과 관계를 맺고 있습니다. 현재 이 상황을 인정할 수밖에 없습니다. 원전과 함께 어쩔 수 없이 우리는 살고 있습니다. 하지만 달빛을 보면서 시를 한 소절 읊어 보았습니다. '보름달아! 원자력발전 그동안 고마웠지만 이제 안녕!'"

지금까지 달려온 사회시스템을 사실 그대로 인정하지만, 앞으로의 에너지 정책과 사회시스템은 바꾸자는 말에 공감했다. 우리 모두는 현실 속에서 많은 고민을 하지만 어쩔 수 없이 대량생산, 대량 소비 사회에 살고 있다. 하지만 지금부터 우리는 탈핵 노래를 불러야 한다.

요즘 일본에서 아이를 키우는 엄마들은 이런 기도를 하는 사람이 많다고 한다.

"하느님, 부처님! 아름다운 공기, 깨끗한 물, 안전한 먹거리, 아이를 키울 수 있는 안전한 커뮤니티, 그리고 가족을 지켜 주십시오. 이외에는 필요 없습니다."

엄마의 기도처럼 아이의 미래를 만들어 가는 것은 대자연과 가족, 깨끗한 환경일 것이다. 우리 사회도 이제는 탈핵을 넘어 자연에너지를 더욱 적극 준비해야 한다. 태양은 매일 우리에게 에너지를 무료로 주고 있지만, 월말마다 청구서가 오지 않는 좋은 친구이다.

전기 문명과 탈핵을 넘어서는 비전력 프로젝트를 주장하는 후지무라 야스유키도 이번 원전 사고에 대해서 받은 충격을 생생하게 전해 주었다.

"10년 전 어머니가 돌아가셨을 때보다 10배 이상 낙심하였습니다. 왜냐하면 이번 원전 사고는 히로시마 원폭과는 비교도 안 될 만큼 심각하기 때문입니다. 다행히 히로시마 원폭은 방사능이 1퍼센트만 유출되는 데에 그쳤는데, 후쿠시마 원전 사고에서는 히로시마 원폭에 비해 29배에 달하는 방사능이 유출되었습니다. 히로시마 원폭으로 아직도 30만 명이 고통을 당하고 있습니다. 원자력발전이 존재하는 한 반드시 사고가 나기 마련입니다. 어른이 낸 사고에 아이들이 피해를 입어야 하는 상황이 안타깝습니다."

미래 세대들인 청소년도 핵발전에 대한 가치 선택과 판단을 학습하는 것이 필요하다. 민주 시민으로 올곧게 성장하기 위해서 평화, 인권, 환경에 대한 합리적인 선택과 판단을 할 수 있는 힘을 길러 줘야 한다. 1960년대 미나마타병이 발생하고 구마모토 현 교육위원회는 이런 사실을 학생에게 전달하는 것을 기피하였다. 당시 구마모토 니치니치

후쿠시마 원전 사고 3주년 집회에 참가한, 원자력발전소 재가동에 반대하는 도쿄 시민들

신문의 보도(1959년 11월 21일)에 의하면 구마모토 현 교육위원회의 입장은 이러하다.

'공해를 거론하는 것 자체에는 문제가 없지만 생생한 자료를 학생에게 직접 제시하거나 그것도 미나마타병 같은 특정 문제를 확대하여 사회 전체와 연관시키는 것은 사회 전체에 대한 불신감을 싹트게 할 수 있다. 또한 자연현상을 바로 사회현상에 반영해 속단하게 하는 것은 문제가 있으며, 이는 사회 전체를 바르게 이해하는 것을 어렵게 할 것이다.'

구마모토 현 교육위원회의 입장을 어떻게 이해하는 것이 맞을까. 지금 우리 교육 현장에도 엄연히 존재하고 있는 일일 것이다.

독일의 사회학자 울리히 벡은 그의 책 《위험 사회》에서 체르노빌 원전 사고 이후의 사회를 '리스크 사회'라는 이름으로 특징지어 표현했다. 원전 사고 발생으로 인해 빈부, 인종, 남녀노소, 지역 등의 구별 없이 사회 전체가 위험에 돌입했음을 지적하고 있는 것이다. 원전은 인간을 모독하는 것이고 핵발전으로 인하여 얻는 것보다 잃는 것이 많다는 말이다.

후쿠시마 원전 사고는 시간이 지나면 해결될 문제로 보이지 않는다. 그동안 산업혁명 이후로 계속 달려왔던 지속 가능하지 않은 세계 각국의 에너지 정책에 경종이 울렸다. 원전이 청정에너지라고 외쳤던 과학자들과 나라들은 점점 목소리가 작아지고 있다. 이는 체르노빌과 후쿠시마에서 모두 경험적으로 인류 모두가 깨달은 진리이다.

이제 미래 세대가 지속 가능한 사회에서 살기 위해서 원전 위주의 에너지 정책에 일대 전환이 필요하다. 우리는 고리 원전 1호기를 시작으로 지금까지 원전 23기를 보유한 세계 5대 원자력 대국이며, 원전 밀집도 면에서 단연 세계 최고이다.

유럽이 지난 25년간 핵발전소 약 50개를 폐쇄했고, 미국 역시 약 30년간 원전을 건설하지 않았다. 핵발전소의 대안으로 불리는 재생 가능 에너지의 발전량은 2012년 통계로 세계적으로 20퍼센트를 차지하고 있으나, 원자력은 11퍼센트를 차지하고 있다. 세계적으로는 재생 가능 에너지의 발전량이 핵 발전의 2배가 된 것이다. 한국의 에너지 정책은 세계적 동향과는 완전히 반대로 2012년 핵발전이 31퍼센트, 재생 가능 에너지는 0.4퍼센트를 기록하고 있다. 재생 가능 분야에서 세계 꼴찌에 해당된다고 한다. 체르노빌과 후쿠시마 사고를 반면교사로 삼아 에너지 정책에 진일보한 변화와 전환이 필요한 시점이다.

에필로그
전 지구적으로 사고하고
지역적으로 실천하라

단순하지만 누를 길 없이 강렬한 세 가지 열정이 내 인생을 지배해 왔으니 사랑에 대한 갈망, 지식에 대한 탐구욕, 인류의 고통에 대한 참기 힘든 연민이 바로 그것이다. 이러한 열정이 나를 이리저리 제멋대로 몰고 다니며 깊은 고뇌의 대양 위로, 절망의 벼랑 끝으로 떠돌게 했다.

_버트런드 러셀

다시 원점으로 돌아가다

지금 막 현해탄을 넘어선 것을 기내 항공 정보에서 읽을 수 있었다. 조금 전까지 도쿄에 살던 내가 2시간 비행을 하여 1432일 만에 다시 원점으로 돌아가고 있다. 도시에서 뿜어내는 불빛이 점점 밝아지는 걸

보니 OZ1035편의 동체가 점점 대지와 가까워지고 있나 보다. 비행기는 내 마음은 아랑곳없이 활주로 불빛을 따라 서울 땅에 사뿐히 내려앉는다. 공항에서 집으로 향하는 자동차 창문을 열어 밤 공기를 마시니 서울의 온기는 예전 그대로다.

떠나기 며칠 전부터 히카리가오카공원의 가로수와 주변 풍경이 못내 아쉬워 사진으로 한 장 한 장 남겼다. 도쿄에는 매화꽃이 지고, 이제 벚꽃도 수줍은 얼굴 드러내며 막 피고 있었다. 다섯 번째 벚꽃이 피는 것을 보며 도쿄 생활을 마무리하려니 여러 가지 추억들이 떠올랐다. 어느 해인가, 새해 첫날이 되어 싱숭생숭한 마음에 지도 한 장 들고 북쪽을 향하여 자전거 페달을 돌리고 또 돌리면서 맞았던 찬바람, 아무도 없는 연휴 기간에 기숙사에서 3일간 아무 말도 안 하고 책을 읽다 지쳐 있을 때 힘이 되었던 직박구리의 수다, 지진으로 집이 흔들리면 '아이고, 빨리 돌아가야지.' 하며 눈을 비비던 새벽. 1432일의 기억이 모두 온전하지 않지만 설렘과 희망, 도전과 같은 단어들이 고스란히 담겨 있다. 소심하고 외로운 것을 못 참는 성격에 4년 넘는 일본 생활을 한 것을 생각하면 스스로 대견하다는 생각이 들 정도다.

일본에 머무는 동안 일본 열도 47개 현을 모두 다 찾아갈 생각으로 정신없이 떠돌아다녔다. 하지만 한국에 돌아와 그동안의 여행 기록을 보니 욕심이 너무 과했구나 하는 생각이 들었다. 내 수첩의 지도에는 42개의 붉은 표시가 되어 있었다. 아직 못 가 본 에이메 현, 고치 현, 가가와 현, 와카야마 현, 미에 현 등 5개 현을 다음 여행의 숙제로 남긴 채 이번 여행을 마감한 것이다. 그동안 다녔던 공원과 박물관, 시민단체, 학교 등에서 받았던 각종 자료와 만났던 사람들의 명함 또한 산

후지 산 전경

더미 같았다. '다음에 다시 연락하겠습니다. 정말 고마웠습니다'라는 말은 아주 상투적인 인사말이 되고 말았다. 내 목적을 채우고 난 뒤 다시 연락 한 번 못 했던 분들을 떠올리니 미안한 마음이 앞섰다.

목적을 가지고 떠났던 여행이었지만, 대자연을 만나는 답사 여행은 계절마다 나름의 멋이 있고 운치가 있었다. 봄이 오는 길목에서 처음 닛코국립공원에 들어섰을 때에는 마치 대학 합격 후 신입생으로 대학 교정을 들어서던 순간의 두근거림을 느낄 수 있었다. 그 이후로 닛코 국립공원을 다섯 번이나 더 찾았던 이유가 바로 그 설레었던 마음에 대한 집착이 아니었나 싶다.

닛코국립공원의 모습은 약 2천 미터 높이의 산맥에서 뿜어 나오는 한기로 온통 은색의 향연이 벌어진, 바로 설국의 모습이었다. 센조가하라 습원과 주변 산맥에서 나오는 엄숙함 때문일까? 저 멀리서 호랑이 한 마리라도 뛰어올 것 같은 착각에 빠지곤 했다. 세계문화유산 도쇼구 주변에 펼쳐진, 세계 최장 거리의 이끼로 기네스북에 등재된 초록색 가로수 길과 97미터 높이를 자랑하는, 그대로 얼어 큰 물기둥이 된 게곤 폭포를 마주했을 때는 장엄함마저 느껴졌다.

닛코국립공원의 원시림을 시작으로 혼슈 최대의 고층습원인 오제 습원의 트래킹도 잊을 수 없는 추억이다. 또 홋카이도의 푸르른 구시로 습원을 날아다니던 두루미들, 붉은여우가 뛰어다니던 시레토코의 산자락과 호수, 에조불곰의 흔적 등 이루 헤아릴 수 없는 놀라운 경관들이 나의 마음을 사로잡아 버렸다. 1432일간의 일본 여행은 나에게 그렇게 의미 있는 도전이자 소중한 경험으로 남았다.

일본에서 얻은 4가지 키워드와 교훈

추억은 개인적인 경험으로 끝나지만, 기록은 역사를 만들 수 있다.

내가 연구를 위해 일본에 머문 이유는 거창한 생태학적 담론이나 이론, 전문가들의 근거 없는 죽은 지식에 무력감을 느꼈기 때문이었다. 일본에 머물 때에는 현장의 생생한 목소리를 듣기 위해 이곳저곳을 뛰어다니는 데 중점을 두었다. 이 책에서 결론들이 어느 면에서는 이론적이지 않고 사례 중심으로 서술된 것은 그런 이유이니 이해해주기 바란다. 또한 내가 본 것을 모두 담아내지 못한 내 글의 어눌함 탓이기도 할 터이다.

하지만 이런 이유에도 이 책을 쓸 수 있었던 이유는 내가 경험한 것들을 되도록 많은 사람들과 나눠야 한다는 생각이 더 강했기 때문이다. 내가 받았던 감동과 교훈, 뼈아픈 반성의 경험들을 함께 나누어 우리 사회를 지속 가능한 사회로 만들 수 있다면 더 바랄 것이 없을 것 같다. 다음과 같은 4가지 키워드로 이번 여행에서 얻었던 교훈을 정리할 수 있을 것이다.

첫째, 아이디어다. 우리가 흔히 지나쳐 버리고 무관심했던 일들을 시민들과 함께한 빛나는 사례들이 있다. 이시카와 현의 모든 학교가 일제히 펼치고 있는 '제비 관찰 조사 사업'은 전문가들의 영역에만 머물렀던 생태계 조사를 시민과 청소년이 함께한 모범적인 사례이다. 교육학자들의 담론에서 벗어나 환경문제를 건축과 보건, 의료, 마을 만들기 등 다양한 주제로 실천 연구를 강조한 '어린이환경학회'는 환경교육의 지평을 넓혔다. 애니메이션을 통해 하나의 문화 콘텐츠를 뛰어넘

도쿄 간다 축제

어 어느 환경운동가 못지않은 강한 메시지를 전달하는 미야자키 하야오 감독이 이끄는 지브리스튜디오는 생명과 자연의 중요성을 쉽게 전달하고 있다. 휴식 공간이었던 공원을 아이들의 진정한 놀이터로 제공한 플레이파크 운동은 제도적인 기틀을 만들어 공원에 대한 새로운 해석을 선사하고 있다. 이 모든 것이 아이디어에서 온 것이다.

둘째, 열정이다. 우리를 감동시킨 것이 대자연에만 있었던 것은 아니었다. 세상 모든 일들은 열정적인 사람들의 헌신 속에서 널리 알려지고 세상에 전해지기 마련이다. 공무원에서 시민 운동가로 전업하고 환경 학습 도시에 인생 후반기를 바치고 있는 니시노미야의 시민 단체 리프의 오가와 마사요시는 전문가가 가지지 못한 지역사회에 대한 엄청난 애정을 가진 분이다. 일본 습지의 위기 상황을 전 세계에 전파하기 위해 영어와 한국어를 습득하고 생물 조사까지 담당하는 전직 중학교 교사 가시와키 미노루는 기후변화 시대의 영웅이다.

셋째, 지속성이다. 환경교육은 지속적으로 해야 효과를 가져올 수 있다. 훌륭한 명품 교육 사례와 실천을 보면 지속적이고 초지일관하는 모습에 성공의 비결이 있다. 50년 동안 두루미 모니터링과 보전 활동을 하고 있는 이즈미 시립 쇼중학교의 두루미클럽 활동은 환경 시범학교가 끝나면 특색 사업이 바뀌는 한국 학교의 모습에 교훈을 던져 준다. 기타큐슈 시 사야카타니초등학교에서 30년간 자원봉사로 반딧불이관 관리를 하고 있는 히데키는 기타큐슈 반딧불이 운동의 가장 중요한 상징적인 인물임에 틀림없다. 아무리 좋은 일도 끈기 있게 하지 않으면 성공할 수 없는 법이다.

닛코국립공원 삼나무 길

넷째, 꿈이다. 한 교사의 제안으로 지구온난화를 막아 보자며 학생들과 시작한 녹색커튼 운동은 이제 일본에서 기후변화 대책의 가장 대중적인 실천으로 자리 잡고 있다. 학교 교정에 연못을 만들고 나무를 심는 운동인 학교 비오톱 운동은 5천 개 학교로 실천 영역이 넓어져 미래 세대에게 꿈을 심어 주고 있다. 이 운동들은 모두 미래에 대한 꿈이 있었기에 시작이 가능한 것들이었다.

요즘 한국 사회도 환경교육에 대한 논의가 활발하다. 하지만 어쩐지 겉만 화려한 게 아닌가 하는 생각이 든다. 정부에서 내세운 '녹색성장'을 화두로 다양한 시범학교 사업과 지원 사업이 줄을 잇고 있지만, 이것이 과연 지속 가능한 사업인지 잘 판단되지 않는 것도 많다. 기업도 환경오염의 주범이라는 이미지를 탈피하기 위해 앞다투어 다양한 환경 보전 지원 사업들을 봇물처럼 쏟아 내고 있지만, 이 역시 결과에 대해서는 미지수다.

특히 지역사회로 들어가면 환경교육에 대한 내용은 아직까지 너무나 빈약하다. 중앙과 전체 사업은 화려한데, 지역과 풀뿌리 단체로 내려가면 인적자원이 풍요롭지 못하고 네트워크도 활발하지 못하다. 환경교육의 소재와 내용이 빈약하여 많은 단체와 학교는 일회성 체험교육에 많이 의존해 왔던 것들도 사실이다.

기후변화 시대에 맞춘 일본 사회의 여러 가지 동향과 흐름을 검토해 보니 지역사회 중심, 시민 참여와 문제 해결 능력이라는 키워드가 돋보였다. 일본의 4500개 환경교육 단체가 뿜어내는 지역 기반 활동 사례, 다양한 환경 관련 학회와 연구회의 자료, 씨줄과 날줄처럼 네트워크 모임으로 이어지는 실천, 지역의 공해 문제부터 시작하여 생태 마을을 만들어 내기까지의 문제 해결 사례를 통해 우리 환경교육이 나아가야 할 방향을 찾아 나가야 할 것이다.

초록별 지구를 위하여

환경오염에 대한 위기감을 반영하는 한국의 '환경 위기 시계'가 2005년 조사를 시작한 이후 2014년은 최악 수준인 '9시 27분'으로 나타났다. 환경 위기 시계는 환경오염에 따라 환경 전문가들이 느끼는 인류 생존에 대한 위기감을 시간으로 표시한 것으로, 12시에 가까워질수록 인류 생존 가능성이 낮은 것으로 본다. 1961년과 비교해서 전 세계의 생태 발자국은 3배로 늘었다. 세계인들이 미국인들처럼 소비한다면 지구가 5개가 필요하다고 한다. 지구에서는 매일 파리 면적의 2배가 되는 숲이 사라지고, 1년에 쓰레기 25억 톤이 버려지고 있다. 세계적으로 이산화탄소 발생량이 많은 나라 10위권 안에 중국과 일본, 우리나라가 들어 있다.

이렇게 환경문제가 심각해지고 있음에도 우리의 실천은 아직까지 미비하다. 지구 환경을 위해 온몸을 바쳐 활동했던 사람들 중 영국의 철학자 버트런드 러셀은 이렇게 말했다.

> 나는 미래의 가능성들이 눈에 보인다. 물론 어두운 미래의 가능성도 있고 밝은 미래의 가능성도 있다. 나는 가장 끔찍한 위험은 치열한 핵 경쟁으로 인한 인류의 자멸이고, 그다음으로 끔찍한 위험은

엄격한 통제라고 생각한다.

러셀은 90세에 반핵 운동으로 체포되면서도 환경운동을 멈추지 않았다. 인도의 철학자 사티쉬 쿠마르 역시 핵폭탄의 위험을 알리기 위해 인도에서 미국까지 장장 18개월 동안 3만 리를 걸으며 순례하였다. 러셀이나 사티쉬 모두 환경 위기를 먼저 깨닫고 행동으로 앞장선 사람들이다.

우리 사회에도 사티쉬나 러셀 같은 실천적 지성과 리더가 필요하다. 하지만 우리 사회에서 더 필요한 것은 환경문제를 인식하고 작은 것부터 실천하는 청소년이다. 청소년이 바로 우리의 미래를 이끌어 갈 주역이기 때문이다. 그들에게 작은 메시지를 보내며 이 글을 마친다.

'전 지구적으로 사고하고 지역적으로 실천하라! Think Global, Act Local'

2015년 6월
(사)자연의벗연구소 소장 오창길